Die Glasfenster von Chartres

Band 4

Maria-Sophia in der Kathedrale von Chartres

Marientod und Mariae Aufnahme in den Himmel

Sophia-Janet Aleemi

Maria-Sophia in der Kathedrale von Chartres

Marientod und Mariae Aufnahme in den Himmel

Verlag Engel & Co.

Fotos und Umschlagbild:
Sophia-Janet Aleemi und Ulrich Engel

Der Text: ***Das Buch vom Heimgange der allerseligsten Jungfrau…*** ist in gekürzter Form mit freundlicher Genehmigung des Arche Verlages dem Buch von Daniel-Rops entnommen:
Henri Daniel-Rops (Hrsg.): Die apokryphen Evangelien des neuen Testaments. © Arche Literatur Verlag, Hamburg-Zürich

Druck: Offizin Scheufele, Stuttgart

ISBN 978-3-927118-26-3

Inhalt

Vorwort 7

Die Kathedrale von Chartres 13

Wer ist Maria? 21

Das Fenster vom Marientod und Mariae Aufnahme in den Himmel im *sensus litteralis* 73

Das Fenster vom Marientod und Mariae Aufnahme in den Himmel im *sensus spiritualis* 95

Quellenverzeichnis 171

Anhang: 9 Tafeln, Gesamtansicht als Lesezeichen

Vorwort

Die Kathedrale von Chartres ist in erster Linie Maria gewidmet und ihr geweiht, sie ist das großartigste und umfassendste Gesamtkunstwerk, das je für Maria geschaffen wurde. In diesem Sinne sind beide aufeinander bezogen und deshalb könnte der Titel für dieses Buch auch lauten Maria und die Kathedrale von Chartres. Da wir uns hier aber lediglich einem einzigen Fenster zuwenden, heißt dieses Buch anders. Dennoch schwingt der Titel Maria und die Kathedrale von Chartres immer mit, geht es doch um beide, Maria, mehr noch, Maria-Sophia und die Kathedrale.

Wer immer ein Buch über Maria oder gar über Maria-Sophia schreibt, steht vor einer gewaltigen Herausforderung. Will man in die Tiefe gehen, entdeckt man rasch, dass es eine unübersehbare Flut von Büchern über Maria gibt, die in den letzten 2000 Jahren geschrieben wurden, eine ganze Bibliothek, die niemand je überblicken kann. Allein diese Tatsache zeigt, dass das Thema nicht nur hochkomplex, sondern auch emotional besetzt und damit schwer greifbar ist. Niemand vermochte bisher, dieses Thema „auf den Punkt" zu bringen. Je mehr man darüber nachdenkt, desto mehr wird deutlich, dass tatsächlich genau dies zum Wesen der Maria gehört und zu ihrer Faszination beiträgt. Umso mehr lohnt sich der Versuch, sich Maria immer wieder neu zu nähern. Es versteht sich von selbst, dass es sich dabei nicht um eine objektive Analyse handeln kann, denn Maria lässt sich nicht „linear" beschreiben. Vielmehr geht es um ein Aufspüren von Bekanntem und weniger Bekanntem oder auch Unbekanntem, das es einzuordnen gilt. Viele Aspekte wollen neu bedacht werden, und wieder wird ein neues und wahrscheinlich überraschendes Bild der Maria entstehen. Es wird für eine gewisse Zeit Gültigkeit haben und wird sich danach abermals wandeln und erweitern. Auch dies gehört zum Wesen der Maria. Schon die Glasmeister von Chartres standen übrigens vor dieser Aufgabe und wussten sie auf ihre Art zu lösen. Nach wie vor gilt deshalb das goldene Wort des Mittelalters: de Mariam numquam satis – über Maria ist niemals ausreichend gesprochen.

Eine kunstwissenschaftliche Beschäftigung mit einer Darstellung der Maria setzt voraus, dass man sich mit Person und Wesen der Maria auseinandersetzt. Weil es sich um eine historische Person handelt, bedeutet dies auch, ihren Lebensort und ihre Lebensumstände zu untersuchen, was im Übrigen bereits für die Menschen des Mittelalters wichtig war und einen nicht zu unterschätzenden Anteil am Pilgerwesen hatte. Ich habe deshalb nicht nur mehrere Reisen ins Heilige Land unternommen, sondern auch eine Reihe von anderen in diesem Zusammenhang wichtigen Stätten, wie etwa Ephesos, aufgesucht. An allen Orten konnte ich vieles aufnehmen, was mein persönliches Marienbild erheblich beeinflusst und bereichert hat. Dabei hatte ich das besondere Glück, an einen Studienaufenthalt in Jerusalem anknüpfen zu können, der bereits über 30 Jahre zurückliegt. Damals wohnte ich als Gast in der Dormitio-Abtei, dem „Sterbe- und Himmelfahrtsort der Maria“. In der Vorbereitung dieses Buches konnte ich diesen Ort erneut zweimal aufsuchen und einiges dazulernen. Diese erste so wichtige Reise verdanke ich meiner lieben Omi (†), die alle meine außergewöhnlichen Ideen liebevoll begleitet und unterstützt hat, und der deshalb dieses Buch gewidmet ist.

Im Mariae-Himmelfahrt-Fenster von Chartres ist ihr Lebensende beinahe zum ersten Mal in der Kunstgeschichte im Medium der Glasmalerei überliefert. Dennoch wurde es bisher noch nie untersucht und interpretiert. Es befindet sich im südlichen Langhaus der Kathedrale in der Mitte eines Fensterzyklus' und wird durch die vorangegangenen drei Fenster vorbereitet. Es kann aber durchaus für sich selbst stehen und individuell betrachtet werden. Gleichwohl ist es von Vorteil, wenn man die Fenster in der gegebenen Reihenfolge studiert, wie es auch von den Chartreser Meistern beabsichtigt war. Das mittelalterliche Denken und Empfinden ist komplexer als gemeinhin angenommen, auch der gebildete Mensch von heute kann da nicht Schritt halten. Die gelehrte Sprache des Mittelalters ist Latein, was zu einer besonderen Wachheit und Präzision im Ausdruck erzieht. Auch hier hat sich heute ein Wandel vollzogen. Ich habe daher versucht, die Wege für den modernen fragenden Menschen zu ebnen, habe auf die in der Wissenschaft übliche Diskussion einzelner Gelehrtenmeinungen verzichtet, Fachvokabular nur eingeschränkt benutzt und wo es möglich war, im Text erklärt.

Die individuellen Bedürfnisse und Voraussetzungen der Betrachter und auch der Leser werden, wie üblich, recht unterschiedlich sein. Seit Jahren führt Maria die deutsche Hitliste der weiblichen Vornamen an, Sophia folgt an zweiter Stelle. Dies spiegelt, dass sich viele Menschen zu diesen Namen hingezogen fühlen. Wer längst mit einem gefestigten Bild der Maria lebt, wird also vielleicht gleich nach dem 1. Kapitel ins 3. Kapitel mit der Beschreibung des Glasfensters springen wollen und die Farbtafeln zur Hand nehmen, um sein Marienbild im Fenster wiederzufinden. Dies kann ein gültiger Weg sein.

Maria ist in der christlichen Kultur bekannt, aber kennen wir sie wirklich? Im 2. Kapitel habe ich versucht, ein Bild der Maria aufzuzeigen, das einerseits ohne Voraussetzungen auskommt, andererseits einen genügend großen Bogen schlägt, um in tiefere Dimensionen vordringen zu können. Mit diesem Bild im Hintergrund folgt im 3. Kapitel eine genaue Beschreibung des Fensters im Wortsinn (sensus litteralis), bei der das „touristische Interesse“ die erste Überschau findet. Das 4. Kapitel vertieft zunächst die Frage nach dem Wesen der Maria und mündet dann in eine Interpretation des Fensters im geistigen Sinn (sensus spiritualis). Religionsgeschichtliche Zusammenhänge und die geistigen Hintergründe des im Fenster Dargestellten werden untersucht, seine verborgenen Geheimnisse werden, soweit es in diesem Rahmen möglich ist, aufgehellt. Dies ist eine „Expedition“ in ein zunächst unbekanntes Gebiet. Eine solche Untersuchung muss zwangsläufig über die mittelalterlichen Denkmöglichkeiten und über das mittelalterliche Weltbild hinausgehen und die heutigen Möglichkeiten und Fragen einschließen, wenn sie den Ansprüchen der Chartreser Meister gerecht werden will, die ja die Kathedrale nicht nur für ihre eigene mittelalterliche Gegenwart, sondern auch für die Zukunft geschaffen haben. Aus dieser Zukunft, die unsere Gegenwart ist, haben wir auf den Impuls von Chartres zu antworten.

Jede persönliche Betrachtung richtet sich nach dem Standpunkt des Betrachtenden und kann natürlich niemals vollständig sein. Auch dies entspricht durchaus dem Geist von Chartres. Die meisten Leser, vor allem jene, die den Weg durch die Fenster bis hierher Schritt für Schritt gegangen sind, werden besonders gespannt sein auf das 4. Kapitel, das in die anspruchsvollere geistige Sinnebene denkend hineinführen wird. Nicht alles kann hier ausführlich erklärt und diskutiert werden, deshalb gilt dieses Buch wieder als Einladung, tiefer in die spirituelle Ebene einzudringen und darüber hinaus auch als Anregung zur eigenen Beobachtung und Forschung. Die in den Fußnoten angeführte Literatur sowie die ergänzenden Erklärungen mögen als Hilfe zur weiteren Vertiefung dienen.

Die Glasfenster von Chartres sind als Meditationsbilder gedacht. Wie schwierig dies unter den heutigen Umständen zu verwirklichen ist, kann man täglich in der Kathedrale erleben. Man findet nicht die angemessene Ruhe, viele Menschen teilen sich den Raum, vielleicht sind gerade die Lichtverhältnisse ungünstig, und immer hat man zu wenig Zeit. Zudem sind die Fenster recht weit entfernt hoch oben, und ohne Fernglas sieht man wenig. Dank moderner Bildtechnik können diese Widerstände nun überwunden werden. Wir können heute Details erkennen, die jahrhundertelang kein Menschenauge sah, und wir haben endlich die Möglichkeit, mit Hilfe der beiliegenden Farbtafeln, einzelne Medaillons ohne größere Anstrengung als Meditationsbilder zu studieren. Zu danken ist dies Ulrich Engel, der es in bewährter Weise geschafft hat, kleinste Details sichtbar werden zu lassen.

Maria-Sophia fordert uns auf, ihre Wege und Pfade zu beachten. Zu Beginn der Arbeit an Maria war zwar die Richtung klar, jedoch keineswegs der Weg. Allein die Literaturrecherche gestaltete sich wesentlich umfangreicher als ursprünglich geplant. Der Verlag Engel & Co. hat mich darin von Anfang an großzügig unterstützt, wofür ich ebenfalls herzlich danke. Nicht zuletzt danke ich meinen ersten aufmerksamen Lesern, vor allem Miannette Rumpel-Tsiakkas M.A. (Athen), die bereits die drei ersten Bände dieser Reihe in ihrer Entstehung kritisch begleitet und hier das erste Lektorat übernommen hat. Die Schlusskorrektur lag, wie schon beim dritten Band, in den sorgfältigen Händen von Silke Wollinger-Helwig (Eßlingen).

Uns allen hat die Beschäftigung mit Maria-Sophia im Fenster von Chartres eine neue Welt eröffnet. Möge dies auch für die Leserinnen und Leser dieses Buches so sein.

Dormitio-Abtei, Jerusalem
im Frühjahr 2013

Die Kathedrale von Chartres

Chartres, das ist die erste klassische gotische Kathedrale Frankreichs und es ist die einzige, die in ihrer Gestalt aus dem späten 12. und frühen 13. Jahrhundert nahezu vollständig erhalten ist. In ihrer Architektur verwirklicht sie eine einzigartige Harmonie, auch wenn spätere Kathedralen eleganter erscheinen. Ihre Portale sind durchgehend mit Skulpturen geschmückt und ihre farbigen Glasfenster steigern den großartigen Ersteindruck, den man schon außen gewinnen kann, noch wesentlich. Mit Chartres beginnt die Hochgotik, die über ganz Frankreich nach Europa ausstrahlen wird.

Chartres, das ist christliche Kunst des Mittelalters, die sich in Architektur, Skulptur und Glasmalerei ihre Sprache schafft. Chartres, das ist auch eine philosophisch-theologische Strömung, eine Schule des Denkens. Man kann das eine nicht vom anderen trennen, denn beide bedingen einander. Nur durch ihre Verbindung konnte der baukünstlerische Grundgedanke so konsequent verwirklicht werden.

Chartres ist ein Ort, wo Wunder geschahen – vielleicht noch immer geschehen. Deshalb ist Chartres für viele Menschen ein magischer Ort. Chartres ist Ort und Hort für wichtige Reliquien des Christentums, und Chartres ist von jeher ein bedeutendes Pilgerzentrum für gläubige Christen, sei es als Station auf dem Weg nach Santiago di Compostela, sei es als eigenes Ziel. In alter Zeit, ja noch im Mittelalter, war Chartres auch ein Ort der Heilung, mit einer Heilquelle als Zentrum. Längst ist Chartres immer stärker Zielort von Kunstpilgern und Kunsttouristen. Man kann dort die mittelalterliche Spiritualität wie in einem aufgeschlagenen Buch lesen – wenn man denn zu lesen vermag. Man kann dort auch einfach nur zur Ruhe kommen, zu sich selbst finden und die geistige Kraft des Wortes in sich aufnehmen, wie es viele moderne Pilger ersehnen. Bereits der Vorgängerbau der heutigen Kathedrale war nicht nur wegen seiner bedeutenden Reliquien ein viel besuchter Pilgerort. Chartres gilt als älteste Kirche Frankreichs, wo schon in vorchristlicher Zeit ein Bild der *virgo paritura*, der Jungfrau, die gebären wird, kultisch verehrt wurde. So nimmt es nicht wunder, dass Chartres der wichtigste Marienort Frankreichs war.

Von Anfang an war die gotische Kathedrale, die auf den Grundmauern des 1194 abgebrannten Vorgängerbaus neu errichtet wurde, ein Sehnsuchtsziel. Man wollte das Himmlische Jerusalem auf der Erde verwirklichen, die Kathedrale selbst sollte das Himmlische Jerusalem darstellen. In der Frömmigkeit der Menschen des christlichen Mittelalters war nämlich um 1200 eine Wandlung eingetreten, dem das Dämmerdunkel der romanischen Kirchenbauten nicht mehr entsprach. Die Gläubigen waren von der Sehnsucht ergriffen, das heilige Sakrament mit leiblichen Augen zu schauen. „Gegen Ende des 12. Jahrhunderts werden Visionen berichtet, die man in diesem Augenblick [da der Priester die Hostie in die Hände nimmt] gehabt haben will: Die Hostie erstrahlt wie die Sonne; ein kleines Kind erscheint in der Hand des Priesters, da er die Hostie segnet. Während der Priester an manchen Orten die Hostie, nachdem er sie mit dem Kreuze bezeichnet, wieder auf den Altar legte, um dann erst die Konsekration zu vollziehen, hielt er sie anderswo hoch erhoben, wenn er die Wandlungsworte sprach.“[1] Bald wurde die Hostie selbst verehrt, sobald sie sichtbar wurde. In der Hostie wurde das himmlische Geheimnis geschaut und Christus als gegenwärtig erlebt. Selbstverständlich benötigte man für eine solche Offenbarung einen völlig neuartigen Raum. Die Emporen der romanischen Kirchenbaukunst werden aufgegeben, die Gläubigen wollen nun in der Achse des Mittelschiffes stehen, um das Mysterium in unmittelbarer Schau zu erleben. Die sie umgebenden Wände erglühen in farbigem Licht und gestalten in fast übersinnlicher Weise den Raum, während die Chorarchitektur zu einer „alle Sinne und Empfindungen fesselnden monumentalen Monstranz“[2] wird. Gotik bedeutet also Erhebung des Bewusstseins

---

[1] Joseph Andreas Jungmann S. J., Missarum Sollemnia, Bd. II, Wien, 1948, S. 250.

[2] Hans Jantzen, Kunst der Gotik. Klassische Kathedralen Frankreichs. Chartres, Reims, Amiens, Hamburg, 1968, S. 31.

in übersinnlicher Weise den Raum, während die Chorarchitektur zu einer „alle Sinne und Empfindungen fesselnden monumentalen Monstranz" wird. Gotik umfasst damit weit mehr als eine Stilrichtung oder Stilepoche, Gotik bedeutet Erhebung des Bewusstseins in übersinnliche Welten und damit eine Erneuerung des Bewusstseins für eine bessere Zukunft.

Die gotische Kathedrale ist ihrem Wesen nach eine Hymne an das Licht. Dies gilt besonders für Chartres. Eine unendlich große Lichtsehnsucht drückt sich in ihr aus. Alles Schwere soll überwunden werden, soll überführt werden in Leichtes, Lichtes. Die Sonne als Sinnbild für Christus, für die alles durchdringende und verwandelnde göttliche Gnade, soll in die Kirche einströmen. Dafür hat man die Wände aufgelöst und durch große Fenster ersetzt. Diese Fenster lassen das Sonnenlicht und mit ihm das überirdische Licht in den Kirchenraum eindringen. Sie sind das Tor zur jenseitigen Welt. In groß angelegten Bildern oder Bildfolgen berichten sie aus der Bibel und aus dem Leben der Heiligen und Märtyrer. Es sind Bilder, in die sich das Jenseitige hineingegossen hat, insofern stehen sie genau zwischen Diesseits und Jenseits.

Wer bis vor kurzem das Glück hatte, an einem sonnigen Tag die Kathedrale von Westen her zu betreten, konnte, durch das Sonnenlicht geblendet, die Erfahrung machen, dass das Innere der Kathedrale im Dunkeln zu liegen schien, während die großen Fenster, die einem dann umso größer erschienen, wie aus einer eigenen Lichtquelle farbig erstrahlten. Wenige Sekunden lang war man wie aus sich selbst herausgehoben. Raum, Zeit und Verstand hatten ihre Gültigkeit verloren, allein das Staunen blieb. Ein kurzer Eindruck nur hatte sich dem Betrachter geschenkt, eine Ahnung von etwas Unbestimmtem, etwas Urgeistigem vielleicht. Die ursprünglich beabsichtigte Wirkung muss jedoch etwas anders gewesen sein und wird durch die laufende Renovierung wiederhergestellt. Lichtes Mauerwerk trägt nun wieder das farbige Licht und lässt den Innenraum der Kathedrale für einen Moment lang wie schwebend erscheinen.

Säulen, Mauerwerk und farbige Fenster gliedern den Kathedralraum von innen, in vollständiger Harmonie dienen sie einander. Es ist in der Tat zum ersten Mal in der Baugeschichte, dass man derart zahlreiche und große Glasfenster verwirklicht. Man verfolgt damit eine noch nie da gewesene Absicht. Statt Mauern sollen Glasfenster vor Wind und Wetter schützen, sollen das von außen einströmende Sonnenlicht filtern und verwandeln und schließlich erzieherisch auf die Seele des Betrachters wirken. Pierre de Roissy, der etwa von 1200 bis 1210 – also etwa bis zum Einsetzen der ersten Langhausfenster – Kanzler der Schule von Chartres war, weist auf diese doppelte Aufgabe der Fenster hin: *„Die Glasfenster der Kirche, durch die Wind und Wetter abgehalten und das Sonnenlicht eingelassen werden, bedeuten die Heilige Schrift, die von uns das Schädliche abwehrt und uns erleuchtet.“*[3]

Auch der bedeutende Pariser Gelehrte Hugo von St. Victor (um 1097-1141) formuliert ähnlich wie Pierre de Roissy: *„Die Fenster stellen die heiligen Schriften dar, die alles Schädliche fernzuhalten und die Klarheit und Wärme des Sonnenlichtes der göttlichen Gnade in die Seelen der Gläubigen zu senken bestimmt sind. Die Fensteröffnungen weiten sich nach innen aus, zur Verdeutlichung der Wahrheit, dass der mystische Sinn weiter ist und den Literalsinn übertrifft.“*[4]

Dass die Kathedrale von Chartres realisiert wurde, ist vielem zu verdanken, dem intensiven Willen des Domkapitels und der Geistlichkeit, dem Genie und dem intensiven Arbeitseinsatz der Baumeister und Handwerker, der Großzügigkeit des Adels als wichtigem Geldgeber und schließlich dem Opferwillen der Bevölkerung, die ihr Letztes für die Kirche der Jungfrau Maria hergaben. Neu am „Finanzierungsplan“ von Chartres ist, dass alle Langhausfenster der Kathedrale von Handwerkerkorporationen, also von ganz bestimmten

---

[3] Pierre de Roissy, Manuale de mysteriis ecclesiae. Zit. n. Wolfgang Kemp, Sermo corporeus, München, 1984.

[4] Hugo von St.Victor, zit. n. Josef Sauer, Symbolik des Kirchengebäudes und seiner Ausstattung in der Auffassung des Mittelalters. Mit Berücksichtigung von Honorius Augustodunensis, Siccardus und Durandus, Freiburg, 1924, S. 120.

Berufsgruppen gestiftet worden sind. Damit konnten diese nicht nur ihre Verbundenheit zum Kathedralprojekt, das ja alle Bevölkerungsgruppen einschloss, zum Ausdruck bringen, sondern sie hatten auch die Möglichkeit, sich mit dem jeweiligen Heiligen des Fensters und mit seiner Geschichte zu verbinden. Der Heilige konnte so zu einem ganz besonderen Schutzpatron werden. Die Stifter ihrerseits hatten im gegebenen Rahmen Möglichkeiten, Einfluss auf die Gestaltung ihres Fensters auszuüben und sich selbst in das von ihnen gewünschte Licht zu stellen.

In Chartres unterliegen die Fenster einer gewissen Gesamtkonzeption, die jedem Fenster sein Thema und seinen Platz innerhalb der Kathedrale zuweist. Es sind biblische Bilder, die sie aufzeigen, und es sind Heiligenlegenden, die sie verewigen. Geschichten, die zwischen Himmel und Erde angesiedelt sind, genau wie die Fenster als Architekturelement selbst. Wenige Glasfenster stammen noch aus dem 12. Jahrhundert, die meisten mussten nach dem Brand von 1194 neu geschaffen werden. Diese gewaltige Aufgabe wurde innerhalb nur weniger Jahrzehnte gemeistert, nicht zuletzt weil Stifter ihre Finanzierung sicherten.

Beinahe fünfzig Glasfenster wurden von den traditionellen Handwerkern gestiftet. Daneben gab es Fensterstiftungen wohlhabender Bürger und des Adels. Diese Glasfenster schmücken im vor allem den Chor und die Obergadenfenster der Kathedrale.

Bedenkt man die allgemeine wirtschaftliche Situation in Chartres, so muss man doch daraus schließen, dass diese Stiftungen nicht durch Prosperität oder gar Überfluss entstanden sind, sondern allein durch ein ausgeprägtes Frömmigkeitsgefühl, ein Verantwortungsbewusstsein gegenüber der Kathedralvision.[5] Die Baukosten, die Kirche und Volk zu tragen hatten, waren immens und konnten nur durch die Beteiligung des Adels bewältigt werden.

---

[5] A. Chédeville, Chartres et ses campagnes. XIè-XIIIè siècle, Paris, 1973, p. 453-457.

Die Anordnung der Langhausfenster folgt einem bestimmten Konzept, das sich nicht leicht erschließt, aber durch die intensive Betrachtung der einzelnen Fenster nachvollziehbar wird. Grundsätzlich beschreiben sie einen Weg mit Anfang und Ziel, wobei mit Ziel in erster Linie der Hauptaltar als Ort der Eucharistie gemeint ist. Der Zyklus der Langhausfenster schließt unmittelbar an die Fenster der Westfassade, die den Brand überdauert hatte, an. Dort werden Herkunft (Stammbaum), Leben und Sterben Jesu Christi dargestellt. Nach einer Zäsur durch den südlichen Turm der Westfassade konnte dann mit dem Neubau der Kathedrale auch der neue Zyklus beginnen. Dieser Teil wurde höchstwahrscheinlich im ersten Jahrzehnt des 13. Jahrhunderts fertiggestellt. Etwa von 1210 an konnten die ersten Fenster dort eingesetzt werden.

Der Glasfensterreigen beginnt mit dem Fenster des Evangelisten Johannes, einer Stiftung der sehr hoch angesehenen Waffenschmiede.[6] Es ist ein Initialfenster, das in seiner tiefsten Bedeutung alle weiteren Fenster wie ein Orgelpunkt begleitet. Bei der Betrachtung dieses Fensters zeigt sich, dass es nicht nur eine Geschichte erzählt, sondern sehr komplexe Zusammenhänge eines esoterischen Christentums ausspricht, die nur durch intensives Studium zu erschließen sind. Dafür sind Instrumente vonnöten, die dem heutigen Menschen nicht ohne weiteres zur Verfügung stehen und die auch der Mensch des Mittelalters sich erst erarbeiten musste. Der Schlüssel ist die hermeneutische Methode der Schule von Chartres, die einen Weg zur Verfügung stellt, um zu den tieferen Geheimnissen von Welt und Kosmos, die in den Glasfenstern dargestellt sind, vorzudringen. Auf das Johannes-Fenster folgt das Fenster der Maria Magdalena im zweiten Joch im südlichen Langhaus. Im dritten Joch schließt sich das Fenster des Pilgers mit einer biblischen Gleichniserzählung an. Alle drei Fenster bilden eine thematisch aufeinander aufbauende Gruppe, die in bestimmter Hinsicht als Vorbereitung für die dann sich

[6] Sophia-Janet Aleemi, Die Glasfenster von Chartres, Band 1, Johannes der Evangelist in der Kathedrale von Chartres, Stuttgart, 2011.

anschließenden Fenster dienen.[7] Die vermeintliche Zäsur zwischen den Fenstern wird damit zur Steigerung. Obwohl die Kathedrale von Chartres *Unserer Lieben Frau* geweiht ist, und obwohl der Name der *Domina Carnotensis*, der Herrin von Chartres, nach der Beobachtung durch den Theologen und Geschichtsschreiber Guibert von Nogent (um 1055-1125)[8] fast in der gesamten lateinischen Welt bekannt ist und dort verehrt wird, befindet sich ihr Fenster nicht an prominenter Stelle zu Beginn des Fenster-Zyklus‘. Seine Lage in der Mitte des Langhauses versinnbildlicht dennoch Marias zentrale Bedeutung.

A Chartres, sa mestre meson.
La douce mere Dieu, en terre,
A Chartres la doit l'en requerre
Comme en sa chambre especial
Et comme en son palés roial
Ou l'en la sert comme raine
A cui tretot li monte encline.

A Chartres est sa mestre iglise,
Qui si noblement est assise
Que la dame tient souz sa main
Et tout Chartres et tout Chartrein.[9]

---

[7] Sophia-Janet Aleemi, Die Glasfenster von Chartres, Band 2, Maria Magdalena in der Kathedrale von Chartres, Stuttgart, 2011; Sophia-Janet Aleemi, Die Glasfenster von Chartres, Band 3, Der Mensch als Pilger und der Barmherzige Samariter, Stuttgart, 2012.

[8] Guibert von Nogent, De vita sua 1, 16, in: Patrologia latinae, vol.156, col. 856 ff. und col. 871; vgl. Walter Berschin / Elmar Wilhelm (Hrsg.), Guibert von Nogent. Die Autobiographie, Stuttgart, 2012.

[9] Diese Zeilen entstammen den Marienwundern von Chartres, die Jean le Marchant um 1260 aus dem Lateinischen übertragen hat. Pierre Kunstmann, „Jean le Marchant. Miracles de Notre-Dame de Chartres“, in: Bulletin de la Société Archéologique d'Eure-et-Loir, Nr. 48-50, Chartres, 1973, p. 68; Pierre Kunstmann (Ed.), Miracles de Notre-Dame de Chartres, de Jean le Marchant, Ottawa, 1973, p. 11-12.

In Chartres [hat sie] ihr Haupt-Haus.
Die liebliche Mutter Gottes auf Erden,
In Chartres soll man sie aufsuchen
Wie in ihrer eigenen Wohnstatt.
Und wie in ihrem königlichen Palast,
Wo man ihr als Königin dient,
Neigen sich vor ihr die Berge.

In Chartres ist ihre Haupt-Kirche,
Die so ausgezeichnet dasteht,
Dass die Edelfrau unter ihrer Hand
Ganz Chartres und jeden Chartreser hält.[10]

Beinahe wie in einem Minnelied wird Maria besungen. Sie ist die Königin von Chartres und die Kathedrale ist ihr Palast. Dort kann man sie auf Erden aufsuchen. Die Kathedrale liegt auf einem Hügel und ist von einer unendlich scheinenden Ebene umgeben. So extrem sollen sich also die Berge vor ihr geneigt haben. Ein stärkeres Bild für die Himmelskönigin Maria in Chartres ist kaum denkbar.

Die platonisch gestimmten Lehrer der Schule von Chartres waren verwandt mit der Geistesströmung der Zisterzienser des Bernhard von Clairvaux. Aber bei Bernhard hat sich die Theologie der Gottesfurcht zu einer Theologie der Gottesliebe umgewandelt, die sich wesentlich auf Maria konzentrierte und ihr fortan zu einem ganz neuen Stellenwert in der Praxis der Frömmigkeit verhalf. Aus dem Kreis des Bernhard von Clairvaux stammt eine weitere Lichtmetaphorik, sie bezieht sich unmittelbar auf Maria: *„Das Licht, welches Glas durchdringt, ohne es zu zerbrechen, gleicht dem Wort Gottes, dem Licht des Vaters, das durch den Leib der Jungfrau gegangen ist.“*[11] Damit ist Maria in jedem einzelnen Fenster der Kathedrale geistig anwesend.

---

[10] Übers. S.-J. A. Es ist mir bewusst, dass man diese Zeilen auch anders übersetzen kann, was aber keine Sinnänderungen ergibt. Dass sich vor Maria die Berge verneigen, ist ein bekanntes Bild in der altfranzösischen Lied-Literatur.

[11] zit. n. Wilhelm Rüdiger, Die gotische Kathedrale. Architektur und Bedeutung, Köln, 1979, S. 80.

Wer ist Maria?

Gefragt nach Maria, hört man zumeist: „Das ist doch die Gottesmutter, die Muttergottes!“ Und die Frage erscheint erschöpfend beantwortet. Oder es kommt eine etwas ratlose Nachfrage: „Maria… wer?“ Manchmal hört man auch eine unerwartete Gegenfrage: „Ja, welche Maria?“

Wenn man sich heute nach Maria umhört, erfährt man erstaunliche Antworten, die erleben lassen, wie wenig „präsent“ Maria in der Gegenwart ist und wie wenig über sie gewusst wird. Man hat den Eindruck, Maria muss heute erst gesucht werden. Drei Fragenkomplexe tun sich hier auf: Maria als Gottesmutter, das Wesen der Maria, welche Maria. Diese drei Felder sind gewissermaßen als Bodenbereitung zu erarbeiten, bevor wir uns dem *„Fenster vom Tod Mariens und ihrer Aufnahme in den Himmel“* von Chartres zuwenden. Wir fänden sonst nur eine wundersame Geschichte vor, die ohne ein zumindest anfängliches Wissen um das Wesen der Maria zu Recht befremdlich wirken wird. Dieses methodische Vorgehen ist nicht erst heute notwendig geworden. Wir finden für dieses Herantasten eine unmittelbare Begründung in der Kathedrale selbst, denn auch die Kathedrale stützt sich nicht auf vorhandenes Wissen, sondern entwickelt prozesshaft in Plastik und später in der Glasmalerei ein ganz bestimmtes Bild der Maria.

Notre-Dame de Chartres ist eine der Maria geweihte Kathedrale und zeigt bereits in ihrem Königsportal Christus und Maria. Im südlichen Tympanon dieses Westportals finden wir in äußerst gestraffter Form Maria als übergreifendes Thema dargestellt. Szenische Darstellungen verschmelzen mit symbolischen Bildern zu einer einzigartigen Theologie der Maria-Sophia. Wir gewahren eine groß angelegte Imagination, welche die tiefen Weisheiten der Schule von Chartres gleichzeitig offenbart und doch auch schützend verhüllt. Dieselben Fragen, die sich dem heutigen Menschen nicht nur in Bezug auf Maria stellen, sind in diesem Portal als Urbilder formuliert: das Wesen der Maria aus unterschiedlichen Blickwinkeln. Suchen wir die Maria von Chartres, so wird uns dieses Portal Leitstern sein.

Es ist noch nicht so lange her, dass fromme Menschen mit und durch Maria Wunder erleben konnten. Wahrscheinlich geschieht dies sogar heute noch. Aber es ist die Ausnahme und bedarf einer Vorbereitung. Andererseits: wer immer heute bereit ist, sich auf das Thema Maria einzulassen, wird durch viele Überraschungen reich belohnt werden. Maria im rechten Tympanon des Königsportals von Chartres gibt für die Kathedrale den Weg an. Zum ersten Mal in der Geschichte des Kirchenbaus hat sie dort einen Schwellenplatz zwischen außen und innen eines Gotteshauses erhalten. An Maria führt kein Weg vorbei.

Maria ist als die Mutter Gottes die wichtigste und auch die bekannteste Frauengestalt der Evangelien. Tatsächlich aber berichten gerade die Evangelien sehr wenig über sie. Die Geschichten, welche die kirchliche Tradition übermittelt, haben offensichtlich andere Quellen; jedoch sind sie im Kulturstrom der christlichen Religion so stark verankert, dass sie ohne zu hinterfragen von der Kirche übernommen werden. Der Kulturstrom der christlichen Religion verläuft hier also identisch mit dem Kulturstrom der ungeteilten katholischen Kirche, ab dem 12. Jahrhundert der sich herauskristallisierenden römisch-katholischen Kirche. Erst heute hat sich die Situation radikal verändert. Dass die meisten Menschen, wenn sie sich Maria im Geiste vorstellen, sie als Himmelskönigin sehen – eine Beobachtung, die etwa der amerikanische Publizist Joe H. Kirchberger gemacht haben will – ist mir nicht nachvollziehbar.[12] Vielleicht gilt dies dennoch für manche Katholiken, denn in ihrer Kirche spielt der Marienkult, der in ganz bestimmte Mariendogmen eingebettet und durch eine Marienlehre (Mariologie) untermauert ist, eine wichtige Rolle. Wer aber nicht in einem lebendigen katholischen Umfeld aufgewachsen

[12] Joe H. Kirchberger, „Maria: Dogmen, Kult, Brauchtum“, in: Herbert Haag / Joe H. Kirchberger / Dorothee Sölle / Caroline H. Ebertshäuser, Maria. Kunst, Brauchtum und Religion in Bild und Text, Freiburg, 1997, S. 180.

ist, verfügt heute bestenfalls über eine stichpunktartige Kenntnis der Maria, oft nicht einmal das. Weil die protestantische Kirche neben dem Alten Testament ausschließlich die neutestamentlichen Schriften als Evangelium gelten lässt, ehren evangelische Christen Maria zwar als die Mutter Jesu, aber sie finden in der Bibel keinen Grund, um Maria als Person religiös zu überhöhen und zu ihr zu beten, wie katholische Christen, oder um sie darüber hinaus so kultisch zu verehren wie orthodoxe Christen. Für evangelische Christen hat Maria keinen Sonderstatus, sie bleibt quasi Krippenfigur, denn man denkt nur an Weihnachten an sie.

Ganz anders war es im Mittelalter. Da hatten die Menschen das dringende Bedürfnis, eine Beziehung zu Maria zu finden und wollten deshalb ein Lebenstableau der „Gottesmutter" vor Augen haben. Man suchte Maria durchaus als historische Person. In einem solchen Gesamtbild konnte man sich dem Wesen der Maria von der emotionalen Seite her annähern, sie verehren, zu ihr beten. Heute reicht ein Lebensbild der Maria vielleicht aus, um sich ihr als Person gefühlsmäßig zu nähern; wollen wir aber zu ihrem Wesen vordringen, werden wir umfassender vorgehen und mehr als ihre zweitausendjährige Geschichte einbeziehen müssen, die Geschichte nämlich, die das Vorstellungsbild Maria geschaffen hat, dessen Spuren in unserem kollektiven Unbewussten immerfort wirken. Dieses Vorstellungsbild der Maria haben wir zu beleuchten. Wir werden also, wie zu allen Zeiten, den Versuch unternehmen, Maria zunächst als historische Person zu entdecken, bevor wir uns an ihr Wesen herantasten. Dabei wollen wir uns als erstes auf die vorhandenen schriftlichen Dokumente – die kanonischen und apokryphen Evangelien – einlassen.

Maria in den Evangelien

Einen ersten biblischen Hinweis auf Maria liefert der große jüdische Prophet Jesaja, der unter den Königen Hiskia und Manasse im 8. vorchristlichen Jahrhundert lebte und die Geburt des Messias vielleicht am deutlichsten voraussagt, zumindest ist seine Prophezeiung die bekannteste: *„Siehe, eine Jungfrau ist schwanger und wird einen Sohn gebären, den wird sie nennen Immanuel.“* (Jesaja 7, 14). Der Name Immanuel bedurfte dazumal keiner Erklärung. Man verstand seine Bedeutung sofort: *Gott (ist) mit uns.* Man erkannte die Botschaft, denn der Messias wurde herbeigesehnt. Im Hebräischen heißt „Jungfrau“ *,betulah',* Jesaja aber spricht von der *„ha' almah“,* was nicht im eigentlichen Sinne *„Jungfrau“*, sondern auch ganz allgemein *„junge Frau“* bedeutet und der Prophezeiung eine zarte Tönung und eine gewisse Weite gab. Jesajas Prophezeiung sollte in Erfüllung gehen. Der Evangelist Matthäus ist derjenige, der sie bestätigt, indem er sich auf Jesajas Wort stützt. (Matthäus 1, 23).[13]

Matthäus schafft die Kontinuität zu den Glaubensinhalten seines Volkes, indem er als erstes und gleich zu Beginn seines Evangelienberichtes einen ausführlichen Stammbaum *„Jesu Christi, des Sohnes Davids, des Sohnes Abrahams“* auflistet. Dieser Zeugungsnachweis reicht vom biologischen „Urvater“ Abraham über David und Salomo bis zu Joseph, dem Vater Jesu. *„Abraham zeugte Isaak, (...), Jakob zeugte Joseph, den Mann der Maria, aus der geboren wurde Jesus, der genannt wird Christus, der Gesalbte.“* (Matthäus 1, 1-16). Solche Stammbäume richten sich üblicherweise nach dem Vater. Der weitere Evangelienbericht des Matthäus ist dann auffallend „männlich“ orientiert. Die Geburt Jesu wird nicht der Maria verkündet, sondern Joseph. Ihm ist ein Engel im Schlaf erschienen (Matthäus 1). Nach der Geburt des Jesuskindes erfahren dies im fernen Osten, im Morgenland, drei Priesterweise. In der Überlieferung heißen sie oft „Magier“, was auf das griechische Wort *,magoi'* zurückzuführen ist, das die drei Weisen als Anhänger der persischen Religion des Zarathustra erscheinen lassen soll. Diese hatten die Geburt des größten Königs

---

[13] Die Frage nach der richtigen Übersetzung taucht nicht erst heute auf, sondern wurde bereits seit der ersten Bibelübersetzung durch Hieronymus diskutiert. Aber schon in der griechischen Fassung der hebräischen Bibel, der Septuaginta, heißt es *,parthenos'*, dt. „Jungfrau“ – und begünstigt damit eine Deutung im Sinne von Jungfrauengeburt. Matthäus nun stützte sich auf die Septuaginta, weshalb man ihm schwerlich einen Übersetzungsfehler unterstellen kann.

längst erwartet und nun endlich nach astronomischen Berechnungen „seinen" Stern gefunden. So machten sie sich auf den Weg nach Jerusalem und dann nach Bethlehem, um dem Königskind zu huldigen. Matthäus berichtet, wie die großen Weisen in das Haus der Maria eintreten und vor Mutter und Kind niederfallen, diesem huldigen und ihre Geschenke überreichen. Matthäus schafft in seinem Bericht eine warme, hoheitsvolle Stimmung (Matthäus, 1-2). Über Maria allerdings erfahren wir nichts.

Der Evangelist Lukas erzählt die Geschichte von der Geburt Jesu wesentlich gemütvoller. Es ist die Schilderung, die in der christlichen Tradition als Weihnachtsgeschichte bekannt ist. Hier spricht der Engel mehrfach zu Maria, und wann immer er spricht, nimmt Maria die Botschaft in stiller Ergebung an: Vor der Geburt antwortet sie: *„Siehe, ich bin des Herrn Magd. Mir geschehe nach deinem Wort."* (Lukas 1, 38) Nach der Geburt nimmt sie die durch die Hirten übermittelte Engelsbotschaft noch inniger auf: *„Maria aber behütete und bewegte all diese Worte in ihrem Herzen."* (Lukas 2, 19). Mit dieser Charakteristik, die Lukas für eine spätere Begebenheit nochmals wiederholt, ist ein tiefer Wesenszug der lukanischen Maria ausgedrückt: demutsvoll vernimmt Maria das Engelwort und bewahrt es in ihrem Herzen.

Lukas beginnt seinen Evangelienbericht nicht mit einem Stammbaum. Erst nach der Taufe durch Johannes im Jordan kommt er auf diesen in der jüdischen Kultur so wichtigen Nachweis zurück. Ähnlich wie beim Evangelisten Matthäus spielt Maria dabei keine Rolle. Lukas geht es darum, Jesus als *„Sohn des..."* zu bestimmen. Er führt die Reihe ebenso zurück bis Adam und sogar weiter: *„Jesus galt als ein Sohn des Joseph, (...), des Adam, und der war Gottes."* (Lukas 3, 23-3) Der Stammbaum Jesu verläuft bei Lukas in die entgegengesetzte Richtung, also von der Gegenwart zurück in die Vergangenheit bis zum Uranfang der Schöpfung, ja bis zu Gott. Nun stimmt das Geschlechterregister nicht vollständig mit demjenigen bei Matthäus überein. Betrachtet man die beiden gegebenen Genealogien genauer, so kann man auch feststellen, wo sie nicht identisch sind. Bei König David trennen sich die Linien. Matthäus führt die Ahnenreihe des Jesusknaben über den König Salomo weiter, wodurch eine königliche Linie entsteht. Deshalb kann hier berechtigterweise von der Geburt des großen Königs gesprochen werden. Lukas führt die Reihe über Nathan, woraus sich eine priesterliche Linie ergibt. Damit aber entsteht ein Rätsel, ja, ein Widerspruch in der Genealogie Jesu. Durch die unterschiedliche Bezogenheit der Geschlechterregister und die Vielzahl von Namen ist dieses Rätsel verschleiert.

Verfolgt man die einzelnen Elemente zur Kindheit Jesu, wie sie in den Evangelien dargestellt sind, genauer, so wird man auf zahlreiche weitere Ungereimtheiten stoßen, die es einem unmöglich machen, ein klares Bild der Situation zu gewinnen. Es ist bemerkenswert und auch erstaunlich, dass diese Widersprüche in all den akribischen theologischen Diskussionen des Mittelalters nicht als bedeutungsvoll angesehen wurden. Zwar gab es vereinzelt Gedanken zu den divergierenden Stammbäumen, sie verhallten aber ohne Echo – aus welchen Gründen auch immer.

Tatsächlich hat erst Rudolf Steiner in aller Deutlichkeit auf diese Auffälligkeiten hingewiesen und in diesem Zusammenhang die Herkunft Jesu mit seiner „geisteswissenschaftlichen Methode“, die er an anderer Stelle ausführlich beschreibt, näher untersucht. Rudolf Steiner kam zu dem Ergebnis, dass es zwei Frauen gegeben haben muss, die beide Maria hießen, dass jede mit einem Joseph verheiratet war und beide Familien ein Kind mit Namen Jesus hatten – alles waren um die Zeitenwende sehr verbreitete Namen. Rudolf Steiner hat diesbezüglich ab 1909 aus seiner geisteswissenschaftlichen Sicht höchst komplizierte esoterische Zusammenhänge aufgedeckt und dargestellt, was zwar durch den Fund der Qumram-Texte 1947 und ihrer Auswertungen in der Folgezeit eine gewisse Bestätigung und auch Erweiterung gefunden hat, ansonsten jedoch allgemein auf Ablehnung gestoßen ist und nicht nur kirchlicherseits bis in die Gegenwart starke Angriffe hervorruft.[14] Indessen ist der Widerspruch in den beiden Stammbäumen Jesu als Thema jüngst von der katholischen Kirche aufgegriffen worden. Die Divergenz wird durch Papst Benedikt XVI dergestalt analysiert und aufgelöst, dass es sich hier um „eine symbolische Struktur" handeln soll, in der sich der Ort Jesu in der Geschichte zeige.[15] Dies bedeutet, dass die Genealogie Jesu für bedeutungslos erklärt wird. Es würde zu weit führen, dieses Thema hier auszuführen, es wird aber in anderem Zusammenhang vertieft werden müssen.[16] Was nun Maria betrifft, so gehen alle Kirchen bis heute von der Existenz nur einer Maria aus, und dies ist verständlich, sucht man doch eine Figur zur Verehrung und nicht zur intellektuellen Auseinandersetzung. Und dennoch ist in der Kunst eine andere, eine differenziertere Anschauung zu finden. Hier wurden, wenn auch äußerst selten, die beiden Marien und mit ihnen die

---

[14] Rudolf Steiner, Die geistige Führung des Menschen und der Menschheit, GA 15, Dornach, 10/1987; Rudolf Steiner, Aus der Akasha-Forschung. Das fünfte Evangelium, GA 148, Dornach, 5/1992. Vgl. Hella Krause-Zimmer, Die zwei Jesusknaben in der bildenden Kunst, Stuttgart, 1969; 3. erw. Aufl. 1986, S. 50, vgl. auch S. 130 ff.

[15] Joseph Ratzinger/Benedikt XVI, Jesus von Nazareth. Prolog. Die Kindheitsgeschichten, Freiburg, 2012. Siehe auch Badische Zeitung Freiburg, 21. November 2012 („Die Philosophie der Krippe"). – Alljährlich zur Weihnachtszeit erscheinen in den größeren Tageszeitungen und in anderen Medien mitunter sehr interessante Aspekte zu den damaligen Ereignissen in Bethlehem und Nazareth. Auf diese Art verbreiten sich auch höchst unkonventionelle Gedanken. Immer mehr ist man allerdings dazu aufgefordert, solche Publikationen kritisch zu hinterfragen. In der Vorweihnachtszeit 2012 sendete etwa ein bekannter Kulturkanal des Fernsehens ein Feature zu den Ereignissen in Bethlehem, in dem Wissenschaftler bewiesen haben wollten, dass es weder eine Geburt Jesu zu Bethlehem gegeben habe, noch den Kindermord des Herodes, usw. Den Denkfehler scheint man nicht zu bemerken, denn wie will man beweisen, dass bestimmte Ereignisse vor 2000 Jahren **nicht** stattgefunden haben sollen? – Noch heute beflügeln also die Rätsel von Bethlehem/Nazareth auf zuweilen zweifelhafte Art die Phantasie der Menschen. Was vor nicht allzu langer Zeit als Tatsache angesehen wurde und für die offiziellen Kirchen weiterhin gilt, wird in weiten Kreisen heute angezweifelt. So sprechen heute offizielle Pilger- und Reiseführer nie vom tatsächlichen Geburtsort Jesu, sondern stets vom „angenommenen" Geburtsort.

[16] Dies ist für einen späteren Band dieser Reihe vorgesehen.

zwei Jesusknaben für alle sichtbar dargestellt.[17] Künstler haben ihren Freiraum zu nutzen gewusst, um mit leisen Mitteln eine doppelte Weihnachtsgeschichte aufzuzeigen. Ein sensationelles Phänomen, das erst durch die Kunsthistorikerin Hella Krause-Zimmer entdeckt und durch sie in vielen Aufsätzen und Büchern untersucht wurde.[18]

Hella Krause-Zimmer hat auf der Grundlage der Forschungen von Gustav Conradt[19], Emil Bock[20] und C. S. Picht[21] ein bahnbrechendes Werk zu den beiden Jesusknaben und damit zu den beiden Marien in der Kunstgeschichte verfasst.[22] Sie hat die Mariendarstellungen der Kunstgeschichte verfolgt und durch die geisteswissenschaftlichen Ergebnisse Rudolf Steiners weitgehend zu erklären vermocht, wenn auch

---

[17] Hella Krause-Zimmer, Die zwei Jesusknaben in der Kunst.

[18] Vgl. Hella Krause-Zimmer, Was geschah in Bethlehem? Das Rätsel der doppelten Weihnachtsgeschichte, Dornach, 2011; Hella Krause-Zimmer, Erdenkind und Weltenlicht. Spirituelle Motive in Weihnachtsdarstellungen, Stuttgart, 1979.

[19] Gustav Conradt, „Ein Blick auf die italienische Kunstgeschichte", in: Was in der Anthroposophischen Gesellschaft vorgeht. Nachrichten für deren Mitglieder, XIII, Jahrg. 1936, S. 138 ff.; S. 142 ff.; S. 146 ff.

[20] Emil Bock, Urchristentum. Kindheit und Jugend Jesu, Stuttgart, 1939; Neuaufl. 2009.

[21] C. S. Picht, „Das Geheimnis Bethlehem – Nazareth auf Gemälden des 15. und 16. Jahrhunderts" in: Blätter für Anthroposophie Basel, 1954 (?); „Borgognone, Der zwölfjährige Jesus unter den Schriftgelehrten", in: Blätter für Anthroposophie Basel. Diese beiden Aufsätze sind enthalten in: Gesammelte Aufsätze, Briefe, Fragmente. Gedenkband für C. S. Picht, Stuttgart, 1964; desweiteren hat E. Bock 1940 einige Bilder aus der Materialsammlung von C. S. Picht in der Zeitschrift Die Christengemeinschaft veröffentlicht, im wesentlichen die gleichen Bilder, auf die auch G. Conradt hinweist. Wie aus dem Gedenkband für C. S. Picht hervorgeht, war dieser ein leidenschaftlicher und akribischer Forscher auf diesem Gebiet, der mit den Autorenkollegen in regem Austausch stand. Hella Krause-Zimmer hat der hier relevante Nachlass von Carlo Septimus Picht durch seinen Sohn Benedikt Picht vorgelegen. Gleichwohl vermutete und erhoffte sie wohl noch weitere unbekannte Fragmente. Ich danke seinem Enkel Rainer Picht für erneute Nachforschung, die ergeben hat, dass tatsächlich keine Dokumente mehr vorhanden sind.

[22] Hella Krause-Zimmer, Die zwei Jesusknaben in der bildenden Kunst, Stuttgart, 1969; 3. erw. Aufl. 1986.

bis heute nicht alle Rätsel gelöst sind. Eine Bestätigung und Erweiterung ihrer Forschung fand sie durch die neu entdeckten Qumram- und Nag Hamadi-Texte und ein inzwischen besseres Verständnis der apokryphen Schriften. Dort im *„Ägypter-Evangelium"* und übrigens auch in der jüdischen Tradition zeigt sich nämlich deutlicher als im Alten Testament, dass im jüdischen Volk eine doppelte Messias-Erwartung existiert hat, und zwar die Erwartung auf einen priesterlichen und einen königlichen Messias.[23] Daraus ergibt sich natürlich, dass auch zwei Mütter intendiert waren. Im *„Ägypter-Evangelium"* heißt es kryptisch, das Reich werde kommen, wenn die Zwei eines sind.[24]

Leider ist Hella Krause-Zimmer in ihrem Buch nicht auf das Marientympanon vom Königsportal in Chartres eingegangen. Gerade dort sieht man aufs Schönste die beiden Geburtsdarstellungen übereinander angeordnet: unten eine Szene mit der Geburt des lukanischen Jesusknaben mit Maria, Joseph, Ochs und Esel (sie sind leider zerstört) sowie den dazugehörigen Szenen, oben als Andachtsbild die Königsmaria mit Jesuskind auf dem Schoß.

Aus alledem ergibt sich, dass es zur Zeitenwende in Bethlehem/Nazareth zwei Elternpaare mit etwa dem gleichen Vornamen gegeben haben muss, auch wenn dies nirgends explizit geschrieben steht. Bei Lukas heißt unsere Maria *„Maryàm"*, bei Matthäus *„María"*. Johannes bezeichnet sie durchgehend als *„Jesu Mutter"*. Zunächst sollen deshalb die Wortüberlieferungen hinsichtlich Maria ins Auge gefasst werden.

Über die Herkunft der Maria, über ihr Leben und über ihren Tod schweigen die Evangelien. Nur wenige Male wird sie noch an wesentlichen Stellen erwähnt: bei der Beschneidung Jesu (Lukas 2), im Tempel von Jerusalem, wo Jesus als zwölfjähriger Knabe lehrt (Lukas 2),

---

23 Hella Krause-Zimmer hat dies herausgearbeitet. Vgl. S. 132 ff. Vgl. Schalom Ben-Chorin, Paulus der Völkerapostel in jüdischer Sicht, München, 1970; vgl. Ernst Müller, Der Sohar und seine Lehre, Bern, 1980.

24 Ich übernehme hier die Interpretation dieser sehr rätselhaften Stelle von Hella Krause-Zimmer und anderen; zit. n. Hella Krause-Zimmer, S. 132.

im Zusammenhang mit der Hochzeit zu Kana (Johannes 2), als Jesus in Galiläa predigt (Matthäus 12), bei Jesu Tod am Kreuz (Johannes 19, 25) sowie nach seiner Himmelfahrt, wo Maria neun Tage mit den Jüngern im Gebet zusammen ist (Apostelgeschichte 1, 14). Was wir über Maria wissen, stammt also fast ausschließlich aus außerbiblischen Quellen, Quellen, die nicht in den offiziellen biblischen Kanon aufgenommen worden waren, sich aber großer Beliebtheit erfreuten. Man nennt diese Texte *„apokryph"*, also ‚heimlich', ‚verborgen', was freilich der Sachlage der ersten Jahrhunderte, der Zeit ihrer Entstehung, nicht entspricht. Die apokryphen Schriften sind Texte in griechischer, lateinischer, aramäischer, armenischer oder arabischer Sprache, mit denen sich auch die Kirchenväter intensiv auseinandergesetzt haben.

Im *„Protoevangelium des Jacobus"* wird ausführlich von der Geburt und der Kindheit Marias berichtet.[25] Es ist auf Griechisch geschrieben, enthält jedoch viele hebräische Ausdrücke sowie Anspielungen auf das Alte Testament. Um 150 n. Chr. soll es entstanden sein, sein Verfasser nennt sich Jacobus, der Bruder des Jesus. Es ist derselbe, den der Evangelist Markus erwähnt (Markus 6, 3). Lassen wir uns von dem langen zeitlichen Abstand nicht irritieren, könnte es sich doch auch um eine Inspiration durch jenen Jacobus handeln. An der starken Wirkung dieser Schrift ändert es nichts, den Verfassernamen zu kennen. Bis heute gibt es immerhin noch dreißig griechische Handschriften dieses vielfach abgeschriebenen und im Mittelalter weit verbreiteten Buches, das die wichtigste Quelle zum Marienleben darstellt. Aus diesen frühen Dokumenten sind die Einzelheiten zum Leben Marias überliefert. Im Osten wurde das *„Protoevangelium Jacobi"* immer als authentisch angesehen und kein Geringerer als Origenes (185-254) nimmt diesen Text als Beweis für die jungfräuliche Geburt Mariens.[26] Trotzdem kann man aus den bekannten Quellen eigentlich keine

---

[25] Edgar Hennecke / Wilhelm Schneemelcher, Neutestamentliche Apokryphen in deutscher Übersetzung, 2 Bände, Tübingen, 3/1959, S. 280-290.

[26] Joe H. Kirchberger, „Marias Leben" in: Herbert Haag / Joe H. Kirchberger / Dorothee Sölle / Caroline H. Ebertshäuser, Maria. Kunst, Brauchtum und Religion in Bild und Text, Freiburg, 1997, S. 20.

Biographie der Maria konstruieren, wohl aber ergibt sich ein Bild, das sich im Laufe der Jahrhunderte entwickelt hat, ein Bild, das sich aus Überliefertem, aus Geschautem und aus theologischer Spekulation über 2000 Jahre hinweg geformt hat – und das immer noch nicht als abgeschlossen betrachtet werden kann.

Maria aus Nazareth…

Anstelle einer reinen Zusammenfassung der Kindheitsgeschichte Mariens aus dem apokryphen Jacobusevangelium möchte ich deshalb den Versuch unternehmen, diese Geschichte eingebettet in die Lebensumstände der damaligen Zeit und um einige ergänzende Gedanken erweitert darzustellen.

Maria ist in dem kleinen abgelegenen Dorf Nazareth, etwa 20 km westlich des Sees Genezareth im südgaliläischen Bergland, wo die Natur bei fruchtbarem Boden heute eher karg ist, damals aber stärker bewaldet war, und wo Wiesen und Felder zum Anbau von Gemüse, Getreide, Flachs, Oliven, Feigen und Trauben gepflegt wurden, geboren und aufgewachsen. Die kleinen Häuser waren oft höhlenartig in den Berg hineingebaut, sodass man besonders innig mit dem Element der Erde verbunden war.[27] Es gab nur eine einzige Wasserstelle, wo sich die Frauen beim Wasserholen trafen und sicher auch Neuigkeiten austauschten.[28] Es gab selbstverständlich eine Synagoge mit einer Schule.[29] Einmal bis dreimal im Jahr unternahm man gemeinsam

[27] Noch heute gibt es solche höhlenartigen Behausungen oberhalb der Verkündigungskirche.

[28] Die alte Brunnenöffnung befindet sich in der Krypta unterhalb des Altars der Gabrielskirche. Nach dem Protoevangelium Jacobi, dem auch die griechisch-orthodoxe Tradition folgt, soll die Begegnung mit dem Erzengel Gabriel an diesem Brunnen stattgefunden haben. Als das Quellwasser zu versickern drohte, baute man 1862 eine Wasserleitung von der eigentlichen Quelle zur Straße nach Tiberias und versah sie mit einem Brunnen, der *Ain Maryam* genannt wird – heute ein eher trist wirkender Ort, in Beton eingebettet.

[29] Sie befand sich wohl etwa 200 m oberhalb der Verkündigungskirche, wo heute die Synagogenkirche im Basarviertel steht.

eine Wallfahrt zum Tempel nach Jerusalem. Die Leute aus Nazareth waren Handwerker oder Feldarbeiter. Ihr Land war von den Römern besetzt, die vor allem fleißig Steuern eintrieben. Die Handelsstraße verlief weit unterhalb von Nazareth durch die Jesreel-Ebene, sodass Handel im Dorf keine wesentliche Rolle spielte und auch wenig neue Impulse von außen kamen.

Galiläa hatte zur Zeitenwende bereits eine wechselvolle Geschichte hinter sich und war von vielen Völkern besiedelt. Es gab dort auch fanatische und gewaltbereite Regimegegner, die ‚*Zeloten*' genannt wurden. Besonders im Süden des Landes lag schon im Wort ‚Galiläa' die Bedeutung von „aufständisch gegen die Römer". So ist es kein Wunder, dass das Dorf Nazareth als Räubernest galt und man sich fragte, *„kann denn aus Nazareth etwas Gutes kommen?"* (Johannes 1, 46)[30] Der Messias jedenfalls sollte nach jüdischer Erwartung aus Judäa kommen.

Nazareth – ein besonderer Ort?

Vielleicht hatte der schlechte Ruf von Nazareth auch ganz andere Gründe. Vielleicht sprach man schlecht über diese Leute, weil sie

[30] Heute ist Nazareth die größte palästinensische Stadt in Israel. Hier leben über 60% muslimische Palästinenser und 20% christliche Palästinenser. Für die römisch-katholische Kirche ist Nazareth als Stadt der Maria eine besonders wichtige Stätte im Heiligen Land. Der Ort, den man für die Verkündigung durch den Engel Gabriel annimmt, ist mit einer sehr großen modernen Kirche überbaut, die täglich Tausende Pilger aufnimmt. In Nazareth gedenkt man besonders der innigen Verknüpfung von Maria und Kirche, das die katholische Kirche nicht müde wird zu betonen (z. B. im 2. Vatikan. Konzil: Dogmat. Konst. „Lumen gentium": Kirche) So schreibt etwa Papst Johannes Paul II in seinem Apostolischen Schreiben „Mulieris dignitatem" (Stellung der Frau) am 15. August 1988: „Das 2. Vatikanische Konzil hat, indem es die Lehre der ganzen Überlieferung bestätigte, daran erinnert, dass in der Hierarchie der Heiligkeit *gerade die Frau* Maria aus Nazareth *das Abbild* der Kirche ist, und dass sie den übrigen auf dem Weg der Heiligkeit *vorangeht*". Denn „in der seligsten Jungfrau gelangt die Kirche schon zur Vollendung, in der sie ohne Makel und Runzel ist." (vgl. Eph. 5, 27)", zit. n. Heinrich Denzinger / Peter Hünermann, Kompendium der Glaubensbekenntnisse und kirchlichen Lehrentscheidungen, Freiburg, 37/1991, S. 1466.

einem nicht ganz geheuer vorkamen. In der Tat hatte ihr abgelegenes und steiles Bergland, das nur von den noch höheren Gipfeln des Hermon, auch Schneeberg genannt und einst Kultstätte und Sitz des Baal, sowie dem runderen Berg Thabor, dem späteren Berg der Verklärung, überragt war, etwas „Abgehobenes". Und tatsächlich war ja zur Zeitenwende Nazareth keineswegs eine öffentliche Siedlung, sondern eine geschlossene Kolonie des Essäerordens.[31] Nazareth – Stadt des Nezer, begründet von einem der fünf Schüler des großen jüdischen Eingeweihten Jeshu ben Pandira, der Nezer hieß. Der Name *‚Nezer'* bedeutet „der Spross, das frische Reis" und hat durch den Propheten Jesaja einen besonderen messianischen Klang erhalten: *„Es wird ein neuer Spross* (hebr. *‚nezer') aus der Wurzel Jesse hervorsprießen.*" (Jesaja 11)

Die Essäer oder Essener waren innerhalb ihrer Zeitgenossenschaft eine recht kleine jüdische Sekte. Man leitet ihren Namen aus dem Aramäischen ab, wo er „die Frommen" bedeutet. Sie lebten in mönchischer Gemeinschaft zölibatär und ohne persönlichen Besitz. Intensiv beschäftigten sie sich mit der Thora, den Propheten und mit Arkandisziplin. Sie pflegten mit hohem Verantwortungsbewusstsein die spirituellen Rituale und Meditationen aus der Tradition des Moses, die ja an die ägyptischen Mysterien anschlossen. Der Tageslauf mit gemeinsamem Kultmahl des Heiligen Brotes (Manna) war streng geregelt, der Sabbat wurde streng geheiligt, rituelle Waschungen wurden häufiger als sonst vollzogen. Neben den mönchischen Essenern gab es auch verheiratete Essener, vielleicht einer Laiengemeinschaft vergleichbar, die wegen ihrer prophetischen Begabungen auch im größeren Umkreis geachtet waren. Den Essenern ging es um eine kompromisslose Gesetzesauslegung, die die kultische Reinheit aller ihrer Mitglieder erstrebte und den bestehenden Tempelkult sowie Reichtum und Handel ablehnte. Man kann sich gut vorstellen, wie die fromme essenische Menschengemeinschaft von Nazareth ein Leben in sozialer Harmonie und Mitmenschlichkeit geführt hat. Man war bescheiden, fast asketisch, und jeder brachte seine Fähigkeiten in die Gemeinschaft ein.

---

[31] Vgl. auch Emil Bock, Urchristentum. Kindheit und Jugend Jesu, S. 94 ff.

Der englische Historiker Andrew Welburn hat die kulturgeschichtliche Bedeutung der Essener als eine das Christentum vorbereitende jüdisch-esoterische Bewegung untersucht. „Wir sehen im Essenismus die Vorhut einer höchst bedeutenden Wandlung des religiösen Bewusstseins; ein Mysterium, das mit dem im Judentum entwickelten Selbstbewusstsein verschmolzen war; eine Art von Initiation, die mit dem Empfinden der Geschichte als Offenbarung der ‚Geheimnisse Gottes' verbunden werden konnte und eine Verantwortung für die Erde."[32] Die Essener verfügten über die Weisheit der Zeit. „Und die Mission Zarathustras, die mit der Konzeption von den zwölf Inkarnationen bereits universelle Wirkung hatte, drückt sich ein weiteres Mal in einer neuen und wichtigen Lehre aus."[33]

Zwar lebten die Essener nach außen hin unauffällig, und doch wird man ihre Andersartigkeit gespürt haben. So ist es psychologisch verständlich, dass sie Außenstehenden bisweilen als fremd oder abgehoben erschienen und dass dies auch Aversionen hervorrufen konnte. In dieser Siedlung also lebte eher am Rande der Gesellschaft ein altes Ehepaar, Anna aus Bethlehem und Joachim aus Nazareth. Sie waren fromm und lebten ein gottgefälliges Leben, hatten aber seit zwanzig Jahren keine Kinder. Kinderlosigkeit wurde zu allen Zeiten als großes Unglück erlebt, als Schande und als Strafe Gottes aufgefasst. Wir kennen viele solche Situationen aus dem Alten Testament.

Durch ein Wunder wurde nun Anna schließlich doch noch schwanger und gebar ein Mädchen, dem sie den Namen Maria gab. (Jacobus 1-5)

Maria – ein besonderer Name?

Maria ist ebenso wie Joseph ein verbreiteter Name. Dennoch wird er nicht willkürlich gewählt worden sein, man ahnt, dass ihm eine

---

[32] Andrew Welburn, Am Ursprung des Christentums. Essenisches Mysterium, gnostische Offenbarung und die christliche Vision, Stuttgart, 1992, S. 75.

[33] Andrew Welburn, Am Ursprung des Christentums, S. 75.

besondere Bedeutung zukommt. Wir wissen nicht genau, was der Name Maria ausdrückt und wollen ihn deshalb von verschiedenen Seiten untersuchen. In den biblischen Texten erscheint Marias Name sowohl in der orientalischen Form als *Maryàm* als auch in der griechischen Form als *María*. Matthäus nennt sie *María*; bei Lukas heißt sie *Maryàm* und wird von ihm zwölfmal mit diesem Namen genannt. Diese zwölfmalige Namensnennung legt eine besondere Betonung auf etwas Umfassendes, auf eine runde Ganzheit, die in diesem Sinne Maria zugeschrieben wird. *Maryam* oder *Mariam* ist mit Hebräisch *Mirjam* identisch. Es ist wohl kein Zufall, dass auch eine Schwester des Moses und des Aaron Mirjam heißt. Damit ist gleich auf den ersten Eindruck ein lautbildhafter Zusammenhang zwischen Maria-Maryàm und der alttestamentlichen Mirjam hergestellt.

Wahrscheinlich ist die lukanische *Maryàm* eine Levitin aus dem Hause Aaron, denn Maria ist nach Lukas 1, 36 eine Verwandte (Blutsverwandte) der Elisabeth, und diese stammt nach Lukas 1, 5 aus dem priesterlichen Hause Aaron. Millar Burrow, der über die Qumram-Schriften geforscht hat, weist darauf hin, dass die urchristlichen Schriften davon berichten, dass Jesus durch Joseph von Juda abstammt und durch Maria, die mit Elisabeth, der Frau des Priesters Zacharias, verwandt ist, von Levi abstammt.[34]

Ein letztes Indiz für die Verbindung mit Aaron findet sich in der 19. Sure des Koran. Jesus gilt im Islam als der Sohn der Jungfrau Maria, der durch das Schöpfungswort Gottes erzeugt worden ist. Als sie mit dem durch göttliche Einwirkung erzeugten Sohn unter ihr Volk tritt, sagt man: „*O Maria, du hast eine sonderbare Tat begangen. O Schwester Aarons, dein Vater war wahrlich kein schlechter Mann, und auch deine Mutter war keine Hure*“ (Koran, 19. Sure). Hella Krause-Zimmer findet dieses Wort unverständlich, weil nicht deutlich ist, ob Maria als Schwester Aarons und Moses gemeint ist oder ob die Mutter Jesu

[34] Millar Burrow, Mehr Klarheit über die Schriftrollen, München, 1958, zit. n. Krause-Zimmer, S. 131.

einen leiblichen Bruder namens Aaron hatte.[35] Auch Kirchberger erwähnt diese Stelle, kann sie jedoch ebenfalls nicht verstehen und hält sie deshalb für eine Verwechslung mit eben der Mirjam des Exodus.[36] Bedenkt man, dass noch heute im Islam ‚Schwester' nicht unbedingt den Blutsverwandschaftsgrad bedeutet, wie etwa in der abendländischen Kultur Schwester und Bruder, so kann sich das Rätsel teilweise lösen. Mit ‚Schwester' wird in der islamischen Kultur liebevoll auch eine Herzensverwandtschaft ausgedrückt, und das kann durchaus generationenübergreifend gelten. Darüberhinaus kann ‚Schwester' natürlich auch eine generationenübergreifende Blutsverwandtschaft kennzeichnen.

Aus dem Alten Testament ist uns Mirjam bekannt. Moses wurde in der Zeit geboren, als der ägyptische Pharao angeordnet hatte, dass alle neugeborenen hebräischen Söhne getötet werden sollten. Seine Mutter jedoch versteckte den Knaben drei Monate lang und legte ihn dann in ein wasserdichtes Kästchen aus Schilfrohr, das sie im Schilf am Ufer des Nils aussetzte. Moses hatte eine ältere Schwester – Mirjam – die das Geschehen mit liebender und sorgender Anteilnahme aus vorsichtiger Entfernung beobachtete. Als nun die Tochter des Pharao das Kindlein entdeckte und es zu sich nehmen wollte, vermittelte Mirjam sehr geschickt und erreichte, dass das Moseskind von seiner eigenen Mutter gestillt werden konnte, bevor es im entsprechenden Alter der Tochter des Pharao übergeben wurde, die den Knaben als Sohn annehmen wollte. Viele Jahre später sollte Moses dann gemeinsam mit seinem Bruder Aaron das Volk Israel aus Ägypten hinausführen.

Mirjam spielte also von Anfang an keine unbedeutende Rolle für Moses. Das Kästchen, in das Moses hineingelegt worden war, heißt auf hebräisch *„tewa"*, das man auch mit ‚Wort' übersetzen kann. Darauf macht Friedrich Weinreb aufmerksam.[37] Insofern hütete Mirjam damals am Nilufer gewissermaßen das Wort.

---

[35] Krause-Zimmer, S. 131.

[36] Kirchberger, „Marias Leben", S. 21.

[37] Friedrich Weinreb, GottMutter. Die weibliche Seite Gottes, Weiler, 1990, S. 75.

Das Mittelalter hat sehr wohl im Zusammenhang mit Maria auch auf Aaron geblickt. Der Stab des Aaron (4. Mose, Numeri 17) wird meist als Baumzweig mit Blättern oder auch mit Blumen und Früchten dargestellt und gilt seit einer Predigt des Origenes als Typus für die Geburt Christi aus der Jungfrau.[38]

Der Name Maria wird neben Mirjam auch als Maja aufgefasst. Eine bemerkenswerte Parallele ergibt sich damit zur Mutter des Gautama Buddha, die Maja hieß. Diese „irdische Maja" empfing in Indien, dem Land, aus dem gemäß Legenden die Heiligen Könige kamen, den Bodhisattva, der zum Buddha wurde, und erlebte dies in einem gewaltigen Traum.

Betrachtet man mehr den sprachlichen Aspekt, so schwingt im Namen Maria das hebräische Wort für Myrrhe und für Lichtträger mit. Der Heilige Hieronymus deutet Maria als *‚stilla maris'*, als einen „Tropfen im Meer". Daraus entwickelte sich *‚stella maris'*, „Stern des Meeres", was wieder ein altbekanntes Urbild ist. Man führt den Namen auch auf „Bitternis" (lat. *amara* – bitter) zurück. Nach dem Buch Exodus fand das Volk Israel bei dem Ort „Mara" bitteres Wasser vor, das es nicht trinken konnte. (Exodus 15, 23) Das hebräische Wort *‚marjam'* bedeutet auch „das Bittere der Zeit tragen".

So kann man zusammenfassend sagen, dass der Name Maria offensichtlich keine eindeutige Bedeutung hat, wie die meisten anderen Namen, insgesamt jedoch erscheint die große Spannweite im Namen Maria bedeutungsvoll.

Maria – ein besonderes Kind?

Als Tochter von Anna und Joachim erscheint nach dem Protoevangelium Jacobi die kleine Maria sofort als besonderes Kind. So wächst sie heran, und als sie zwei Jahre alt ist, soll sie nach Jerusalem in den

[38] Origenes, in Nm. hom. IX 7, Patrologia Graeca, ed. J.-P. Migne, 161 Bände, Paris, 1857-1866, vol. 12, p. 632.

Tempel gebracht werden, denn das hatte Joachim seinem Gott zum Dank versprochen. Um das kleine Mädchen zu schonen, wartet man noch ein Jahr und bringt sie dann im Tempel dar, wo Maria bleibt, bis sie zwölf Jahre alt ist. (Protoevangelium Jacobi, 6. und 7. Kapitel) Dass Maria im Tempel aufwachsen darf, ist eine besondere Ehre, denn nur den vornehmsten Töchtern eines Volkes konnte eine solche Erziehung zuteil werden.

Mit zwölf Jahren endet die Kindheit und Maria muss den Tempel verlassen (Protoevangelium Jacobi 8, 1-3). Durch die Inspiration eines Engels wird ihr weiteres Schicksal beschlossen: sie soll mit dem Zimmermann Joseph verheiratet werden. (Protoevangelium Jacobi, 8. und 9. Kapitel)

Dieses Evangelium des Jacobus erwähnt nicht, von wem Josef abstammt. Umso genauer sind da die Evangelisten Matthäus und Lukas. Allerdings wird Maria bei Jacobus ebenfalls in die Geschlechterlinie des Hauses David eingereiht. (Protoevangelium Jacobi, 10, 1-2)

Hella Krause-Zimmer weist darauf hin, dass auch im Protoevangelium Jacobi gewisse Ungereimtheiten bestehen, auf die Wilhelm Michaelis in seiner Einleitung zum Protoevangelium des Jacobus bereits 1956 detailliert aufmerksam gemacht hat. Dazu gehören abweichende Altersangaben der Maria. Michaelis vermutet, dass sie auf „zwei ursprünglich selbständige Darstellungen, von denen die eine, in Kapitel 1-9 vorliegende Maria im Tempel aufwachsen ließ, nachdem sie von ihren Eltern für diesen Dienst bestimmt worden war, während die andere, in Kapitel 10 einsetzende, sie als ‚unbefleckte Jungfrau aus dem Stamm Davids' in eine völlig andersartige Beziehung zum Tempel brachte."[39]

Es folgen bei Jacobus noch einige Episoden aus dem Leben der Maria, bevor ihr weiterer Lebensweg vergleichbar den Schilderungen der

[39] Wilhelm Michaelis, Die Apokryphen Schriften zum Neuen Testament, Bremen, 1956.

Maria in den Evangelien des Matthäus und des Lukas wiedergegeben wird. Es sind die großen Bilder von Verkündigung und Geburt Jesu, wie sie in den Darstellungen der Kunst mannigfach vor uns stehen. Die Tradition verschmilzt die unterschiedlichen Begebenheiten, was uns aber hier nicht weiter beschäftigen soll. Denn der Kindheit der Maria hat Chartres ein eigenes Fenster gewidmet, ebenso der Kindheit Jesu.

Marienleben – Bekanntes aus den Evangelien

Betrachten wir das Lebensbild der Maria als Gesamtheit, so ergeben sich vier thematische Abschnitte, die auch in den künstlerischen Darstellungen gespiegelt werden: Herkunft und Kindheit Mariens, Marienwunder, Heimgang der Maria. Dazwischen steht die Kindheit Jesu, also Maria als Gottesmutter. Dem gläubigen Christen standen diese Motive als Bildkunst und als Geschichten sowohl vor dem äußeren als auch vor dem inneren Auge. Fassen wir nochmals die Lebensstationen zusammen:

Die Apokryphen berichten vom frommen Ehepaar Anna und Joachim, die kinderlos sind und deshalb am Rande der Gesellschaft stehen. Joachim geht zur Buße in die Wüste. Ihm und später auch Anna erscheint ein Engel, der ein Kind ankündigt. Maria wird nach sieben Monaten geboren, vom Hohenpriester gesegnet und in den Tempel aufgenommen, wo sie von einem Engel ernährt wird. Mit 12 Jahren soll sie verheiratet werden. Ein Engel lässt den Hohenpriester die Witwer des Volkes versammeln. Durch ein Wunderzeichen wird Joseph für sie auserwählt.

Der Engel Gabriel verkündigt einmal Maria, einmal Joseph die Geburt Jesu (Lukas und Matthäus). Maria besucht ihre Verwandte Elisabeth, die ebenfalls durch ein Wunder schwanger ist. Sie wird die Mutter des Täufers Johannes sein (Lukas). Maria und Josef ziehen zur Volkszählung nach Bethlehem (Lukas). Jesus wird in Bethlehem geboren (Lukas und Matthäus). Hirten erfahren durch einen Engel von der Geburt des Heilands und beten das Kind in der Krippe an (Lukas). Die drei Weisen aus dem Morgenland werden von einem Stern nach Bethlehem geführt und finden das Kind in einer Herberge. Durch sie erfährt Herodes von dem mächtigen Kind und veranlasst den Kindermord. (Matthäus) Ein Engel führt die heilige Familie in die Sicherheit nach Ägypten und lässt sie nach Herodes' Tod zurückkehren (Matthäus). Jesus wird zur Beschneidung in den Tempel gebracht und dort von Simeon als Heiland erkannt. (Lukas) Als Knabe vollzieht er zahlreiche Wunder (Apokryphe Evangelien). Als Zwölfjähriger predigt Jesus im Tempel und versetzt seine Lehrer in Erstaunen und seine Eltern in Angst, denn sie glauben ihr Kind verloren (Lukas). Die erste große Wundertat, von der die Evangelien berichten, vollzieht Christus bei einer Hochzeit im Dorf Kana, nicht weit von Nazareth entfernt, wo er Wasser in Wein verwandelt. Maria ist anwesend, wird aber nicht mit ihrem Namen, sondern als *„seine Mutter“* bezeichnet (Johannes). Noch ein weiteres Mal tritt Maria in Erscheinung, und zwar als Christus bei Kapharnaum predigt (Matthäus). Nur diese beiden Male erfahren wir aus den Evangelien etwas über Maria, das sich nach der Kindheit Jesu, also nach seiner Predigt im Tempel im zwölften Lebensjahr ereignet. Von da an tritt Maria in den Quellen der Evangelien in den Hintergrund und wird erst wieder bei der Kreuzigung erwähnt (Johannes). Jesus übergibt sie in die Obhut seines Lieblingsjüngers Johannes (Johannes). Nach Christi Himmelfahrt betet Maria neun Tage zusammen mit den Jüngern (Apostelgeschichte). Den Zeitraum von Ostern bis Pfingsten erlebt Maria mit den Jüngern (Apokryphe Evangelien).

Bei näherem Hinsehen haben sich bis dahin bereits viele Widersprüche und Ungereimtheiten ergeben, mit denen die Tradition jedoch recht gut lebt. Von ursprünglich zwei Marien findet sich keine Spur mehr. Ließen die Evangelien anfänglich noch ein differenziertes Bild der Marien erahnen, so wird dies zunehmend diffus und verwirrt den historisch Suchenden.[40]

---

[40] Rudolf Steiner greift diese Fragen auf und beschreibt den weiteren Weg der Marien aus seiner übersinnlichen Forschung. Siehe GA 148.

Marientod – und neue Fragen…

Ein besonders augenfälliges und damit gravierendes Rätsel ergibt sich mit Marias Tod. Nach den Ereignissen von Golgatha lebt Maria angeblich noch 11 Jahre oder anderen Berichten zufolge noch 22 Jahre in oder bei Jerusalem. Wieder andere Berichte lassen sie von Johannes begleitet nach Ephesos ziehen und dort noch viele Jahre leben, bevor sie in Ephesos stirbt. Alle Berichte sind natürlich Legenden, aber Legenden sind mehr als Fiktion. Beide, Legenden und Fiktion pflegen von großen Menschengruppen geglaubt zu werden (man denke nur an Dan Brown), was ihren Wahrheitsgehalt aber nicht erhöht. In alten Legenden jedoch dürfen wir einen wahren Kern, der auf ein geistiges Bild verweist, vermuten und suchen.

Über den Tod der Maria ist aus den ersten Jahrhunderten nichts bekannt. Man hatte auch keine Gebeine gefunden und durfte deshalb davon ausgehen, dass es keine Gebeine der Maria gab. Offensichtlich hatte man ein sicheres Gespür für ihre Besonderheit und war bereit, das Unglaubliche zu glauben. Der zyprische Bischof *Epiphanius von Salamis (315-403)* hat dies in seinem Buch gegen die Häresien um 337 festgehalten:

> *„Über ihr Ende weiß niemand bescheid. (…) Die Heilige Schrift schweigt darüber vollständig, weil es ein großes Wunder ist, und um die Gemüter der Menschen nicht unnötig zu erregen. Was mich angeht, ich wage nicht, über (das Wunder) zu sprechen und werde meine Gedanken für mich behalten… Möglicherweise haben wir genug über die heilige und gesegnete Frau herausgefunden, um sagen zu können, dass es unmöglich ist, zu wissen, ob sie gestorben ist… Die Heilige Schrift lässt die Frage offen aus Ehrfurcht vor der unvergleichlichen Jungfrau, und um allen unwürdigen und irdischen Gedanken zu diesem Thema ein Ende zu machen… Es ist möglich, dass sie noch am Leben ist; denn vor Gott ist kein Ding unmöglich.“*[41]

[41] Zit. n. Kirchberger, „Marias Leben“, S. 51; vgl. G. Söll in: Beinert /Petri, S. 125; Patrologia Graeca, 42, 737.

Das Gefühl für das Außergewöhnliche im Heiligen, das jedes Hinterfragen verbietet, verschwindet erst allmählich. Dann aber kommen Legenden über ihr Hinscheiden und ihre Aufnahme in den Himmel auf. *„Das Evangelium vom Heimgang der seligen Maria"* entsteht um 500 als lateinische Fassung eines griechischen Textes, dessen Verfasser sich *Melito*, Bischof von Sardes, nennt. Auch hier haben wir wieder einen recht großen zeitlichen Abstand zu einer historischen Person des zweiten Jahrhunderts, die überdies ein persönlicher Schüler des Evangelisten Johannes zu Ephesos war und allein dadurch eine besondere Autorität zugesprochen bekam. Die Wissenschaft löst das Rätsel, indem sie den Verfasser jenes Evangeliums *„Pseudo-Melito"* nennt.[42] Melito berichtet am umfänglichsten vom Heimgang der Maria, auf seine Schilderung stützt sich die gesamte westkirchliche Tradition. Daneben gibt es im griechischen Sprachraum einen Transitusbericht eines *Pseudo-Johannes*, der zwischen 550-580 entstanden sein soll,[43] sowie einen ähnlichen Bericht des Erzbischofs *Johannes von Thessalonich* (ca. 610-649). Dieser berichtet, dass Maria lange Zeit in Jerusalem mit den Aposteln lebte, ehe sie sich zerstreuten. Bald darauf sei Maria eines natürlichen Todes gestorben, jedoch hätten Irrlehrer den Bericht, der auf die Apostel zurückgehe, verfälscht.[44] Das *„Evangelium vom Heimgang der seligen Maria"* nach Melitos ist in den üblichen Ausgaben der Apokryphen Schriften nicht enthalten, war jedoch im Mittelalter in seinen wesentlichen Inhalten allgemein bekannt und verbreitet.[45]

---

[42] Antoine Wenger, L'Assomption de la très Ste. Vierge dans la tradition byzantine du VIè au Xè siècle, Paris, 1955, S. 270-290.

[43] Edition Constantin Tischendorf, Apocalypses apocryphae, Leipzig, 1866, S. 95, S. 112; „Joannis liber de dormitione sanctae Deiparae; nach M. Jugie, La mort et l'assomption de la sainte vierge, Rom, 1944; vgl., S 127.

[44] M. Jugie (Ed.), POr 19, S. 433-428; oft benutzt in der byzantinischen Liturgie; vgl. Söll, S. 127.

[45] Edgar Hennecke / Wilhelm Schneemelcher, Neutestamentliche Apokryphen in deutscher Übersetzung, 2 Bände, Tübingen, 3/1959; Klaus Berger / Christiane Nord, Das Neue Testament und frühchristliche Schriften, Frankfurt, 5/2001.

Die Überlieferung, die Jerusalem als Todesort angibt, berichtet davon, dass Maria vor ihrem Tod noch mit dem Erzengel Michael zur Hölle hinabgestiegen sein soll und das qualvolle Dasein der Toten erlebt habe. Daraufhin soll sie Christus um Linderung der Pein gebeten haben. Ihr eigener Tod wird Maria gemäß dieser Legende von einem Engel angekündigt. Sie lässt die Apostel zu sich rufen. Diese werden auf Wolken zu ihr gebracht. Nach drei Tagen erscheint ihr Christus in Begleitung vieler Engel. Als die Jünger ihren Sarg wegtragen, wird dies vom Volk begleitet: ein würdiger Trauerzug. Ein jüdischer Hohepriester versucht, den Sarg umzustürzen, doch seine Arme vertrocknen und er bleibt am Sarg haften. Petrus betet für ihn, sodass dieser sich bekehren kann und geheilt wird. Als letzter und zu spät erscheint der ungläubige Apostel Thomas. Er möchte den Leichnam sehen, doch das Grab ist leer. Er erinnert sich daran, Maria auf dem Wege zum Himmel erblickt zu haben. Sie war von Engeln getragen worden. Im Tal Josaphat (Joschafat) bei Jerusalem, so berichtet die Legende weiter, wird Maria von den Aposteln begraben. Dann erscheint Christus noch einmal, erweckt Maria zum Leben und lässt sie leibhaftig von Engeln in den Himmel tragen, wo sie hoch geehrt wird. – Auffällig an dieser Legende sind die Parallen zum Sterben und Tod Jesu Christi. Damit wird ihnen der Glanz der Wahrhaftigkeit verliehen, echte Historizität.

Mariae Entschlafung in Jerusalem?

Vergegenwärtigen wir uns die Situation in Jerusalem. In Jerusalem steht außerhalb der Stadtmauer auf dem Zionsberg die von Deutschen Benediktinern betriebene *Dormitio-Abtei*, die *Dormitio Sanctae Mariae*, die dort zur Erinnerung an die Entschlafung Mariens errichtet wurde. Zion bedeutet „Burg“ oder auch „Fels“ und bezeichnete zum einen die alte Davidstadt (1. Chronik 11, 4 ff.). Es bedeutet auch „heiliger Berg“ (Tempelberg), denn der Gott Israels hatte seinen Wohnsitz auf dem Berg Zion angegeben (Jesaja 8, 18). Der Zionsberg nun steht synonym für die Stadt Jerusalem samt dem „Himmlischen Jerusalem“. Die Wurzeln liegen in mythischer Vergangenheit. So spricht die Sophia: *Ich (...) wurde dann auf dem Zion eingesetzt. In der Stadt, die er ebenso liebt wie mich, fand ich Ruhe, Jerusalem wurde mein Machtbereich. Ich fasste Wurzel bei einem ruhmreichen Volk* (Jesus Sirach 24, 10-12). Jerusalem ist das religiöse Zentrum des Gottesvolkes. Zur Zeitenwende gehörte dieser Stadtteil den Essenern. Die Byzantiner errichteten hier ca. 335 die *Kirche der Apostel* in einem spätrömischen Gebäude. Sie sollte an das Obergemach, den Versammlungsort der Jünger und Apostel erinnern. 390 wurde sie umgebaut und zur *Hagia Zion* erweitert, eine monumentale fünfschiffige Basilika mit 64 Säulen, die 996 zerstört wurde. Die Dornenkrone und die Geißelungssäule sowie Steine, die auf den Heiligen Stephanus geworfen worden waren, wurden dort bewahrt und den Pilgern gezeigt. Im Jahr 1100 errichteten Kreuzfahrer die Kirche *Santa Maria in Monte Zion* als dreischiffige Basilika, denn die Erinnerung an die Apostelkirche und eine Kirche zum Tod und Begräbnis Marias war nie ganz verschwunden. *Santa Maria in Monte Zion* wurde 1219 vom Sultan von Damaskus zerstört, das Gelände aber gut hundert Jahre später wieder mit einem zweistöckigen Gebäude mit Kapelle und Abendmahlsaal überbaut. Erhalten blieb die römische Synagoge und eine Kapelle, in der sich nach 1. Könige 2, 10 das *Davidsgrab* befindet. Freilich gehen die Meinungen der Fachwissenschaftler dazu auseinander, was jedoch für die Volksfrömmigkeit keine Rolle spielt. Neben dem Raum des Davidsgrabes liegt der *Saal der Fußwaschung* (Johannes 13, 4), der heute eine Synagoge beherbergt. In einem nur von außen erreichbaren Obergeschoß dieses Gebäudes befindet sich genau über dem Saal der Fußwaschung (Johannes 13, 1-10) das *Coenaculum*, das Obergemach, in dem Jesus mit seinen Jüngern das Abendmahl gehalten hatte. Es ist derselbe Raum, in den die Jünger nach der Himmelfahrt gemeinsam mit Maria zurückkehrten (Apostelgeschichte). Es ist der heilige Raum der Jünger, in dem sie sich von Ostern bis Pfingsten mit Maria versammelten, um zu beten, der Raum, in dem das Pfingstwunder geschah (Apostelgeschichte 1, 12-14; 2, 1-4). Es ist derselbe Raum, in dem Matthias zum Apostel berufen wurde, um die Lücke, die durch das Fehlen des Judas entstanden war, zu schließen. Das Coenaculum war der Versammlungsort des engeren Jüngerkreises. Die heutigen Bauten stammen zwar nicht aus der Zeit des Geschehens, sondern sind den alten Bauten nachempfunden, doch das stört die atmosphärische Qualität nicht. Auch hier ersetzt der Mythos die Wirklichkeit. Nachdem nun der Zionsberg das Zentrum der Essener in Jerusalem war, überrascht es nicht, wenn nach den Visionen der Anna Katharina Emmerick die Mutter Maria im selben Gebäudekomplex ihre Wohnung hatte, und auch die Heiligen Frauen sich dort trafen.[46]

Hier wurde also an der Stelle der 1219 zerstörten Kreuzfahrerkirche 1900-1910 die *Dormitio-Abtei* errichtet, die mit der modernen Kirche und dem dazugehörenden Kloster an die Entschlafung Mariens an diesem Ort erinnern soll.[47] So ist der Zionsberg ein geo-

---

[46] Anna Katharina Emmerick hatte von Kindheit an Visionen, die sie biblische Ereignisse und Situationen seelisch wie in einer Zeitreise nacherleben ließen. 1819-1822 bemühte sich Clemens von Brentano darum, ihre Visionen aufzuzeichnen und veröffentlichte sie. Es versteht sich von selbst, dass man bei einer solchen Arbeit mit Übertragungsfehlern rechnen muss. Brentano selbst war es übrigens, der in diesem Zuge ihren Namen in ‚Emmerich' umwandelte. Emmericks Schilderungen sind sehr eindrucksvoll und vermitteln bei aller individuellen Färbung ein großes Bemühen um Objektivität, was sich auch in der erstaunlichen Klarheit ihrer Beschreibungen spiegelt. Im Übrigen bleibt es dem Leser anheim gestellt, wie viel Wahrheitsgehalt er diesen seelisch-geistigen Erlebnissen zubilligen möchte. Anna Katharina Emmerich, Leben der heiligen Jungfrau Maria, Aschaffenburg, 5/1978.

[47] Ich durfte mich vor 30 Jahren anlässlich eines Studienaufenthaltes länger in der Dormitio-Abtei aufhalten, konnte jedoch gerade dort keine besondere Atmosphäre in Bezug auf seine Vergangenheit als Sterbeort der Maria wahrnehmen. Jerusalem gilt als extrem aufgeladener Ort, wo noch immer auch wenig sensible Naturen starke und stärkste Gefühle für die Ereignisse und Stimmungen aus der Zeitenwende entwickeln (können). Auch bei meinem zweiten und dritten Besuch im Rahmen der Vorbereitungen zu diesem Buch war mein Erleben gerade an diesem Marienort überraschenderweise nicht anders, was sich im Übrigen mit dem Erleben anderer Reisender deckt. Vielleicht liegt es an dem doch recht jungen Gebäude, das keine „heilige Patina" angesetzt hat. Auffallend in der Dormitio-Abtei ist, dass auch in der modernen Krypta mit ihren vielen Seitenkapellen die Pilger und Touristen stets fröhlich sind und den toleranten Geist dieses so friedvoll erscheinenden Ortes offensichtlich genießen. Es herrscht ein reges und freudevolles Kommen und Gehen in der gesamten Einrichtung, gewissermaßen eine „weibliche" Stimmung. Im stärksten Gegensatz dazu nimmt sich die strenge Atmosphäre im Coenaculum sowie in den benachbarten Orten aus.

graphischer Ort, wo sich in ungeheuer starker Art geistige Kräfte konzentriert haben, um Weltenschicksal zu bilden. Die Atmosphäre ist dicht, und man kann sich unschwer in die Stimmungen aus der alten Zeit hineinfühlen, wenn man sich etwa die Szenen aus dem Neuen Testament vor die Seele stellt.

Aus den Apokryphen geht eindeutig hervor, dass Maria im Tal Joschafat begraben wurde. Dies muss weit bekannt gewesen sein, denn um 450 erbat die Schwester des Kaisers Theodosius in Konstantinopel, die damals noch Nonne war, aber schon ein Jahr später ihren Bruder als Kaiserin Pulcheria ablöste, vom Patriarchen von Jerusalem den Leichnam Marias, damit er im Blachernenpalast von Konstantinopel verehrt werden könne. Dies war kein bescheidener Wunsch. Der Patriarch prüfte die Sache und lehnte ab, weil der Leichnam angeblich aus dem Grab verschwunden war. Nach der Legenda Aurea, der berühmten Legendensammlung des Dominikaners Jacobus de Voragine, die im dritten Viertel des 13. Jahrhunderts entstand, antwortete ihr der Patriarch Juvenal, dass „soweit er aus den alten Geschichten wisse, so sei der Leib verklärt worden, und nur die Kleider allein und das Leichentuch seien daselbst zurückgeblieben.“[48] Stattdessen sandte der Patriarch einen Schleier der Maria nach Konstantinopel. Wiederum ein Teil eines Schleiers gelangt später nach Chartres und wird dort zur wichtigsten Reliquie und zum „geistigen Grundstein“ der heutigen Kathedrale. In Jerusalem blieb das leere Grab der Maria weiterhin bedeutsam und wurde noch im sechsten und siebten Jahrhundert von Pilgern besucht. Auch nachdem Jerusalem 638 an die Araber geriet und trotz der reliquienfeindlichen Haltung der Bilderstreiter-Kaiser wurde Marias Grab im Josaphat-Tal von Kirchenvätern des achten Jahrhunderts, allen voran Germanus, Andreas von Kreta, und Johannes Damascenus, voll Verehrung erwähnt.

Heute wird das Josaphat-Tal kaum selbstständig genannt, sondern ist längst mit dem Namen Kidrontal verschmolzen. Dieses liegt

[48] Jacobus de Voragine, Legenda Aurea, Gerlingen, 11/1993, S. 603.

unterhalb des Ölbergs, zieht sich nach Südwesten am Berg Ophel vorbei und verbindet sich dann mit dem Hinnomtal („Höllental"). Am Anfang des Kidrontals, dem eigentlichen Josaphat-Tal, befinden sich mehrere bedeutende Gräber gleich unterhalb von Gethsemane. Ihre Lage wurde mit Bedacht gewählt. Nach dem Propheten Joel wird der Herr alle Heiden ins Josaphat-Tal führen und dort über sie richten (Joel 4, 2). Daraus leitete man ab, dass der Herr hier auch die Toten auferwecken und über alle Gericht halten würde. Dort also soll auch Maria begraben sein.[49] Noch verwirrender wird die Sache, wenn es heißt, sie sei nicht nur dort gestorben, sondern habe dort auch gelebt.[50] Dies muss freilich allein schon aus dem kulturellen Verständnis bezweifelt werden. Ein Ort der Toten war niemals ein Wohnort gewesen. Etwas oberhalb von dem (angenommenen) Mariengrab wurde zwischen 450 und 458 die Gethsemane-Kirche erbaut und durch Bischof Juvenal († 458), der seit 422 Bischof von

[49] Der schon ältere Baedekers Reiseführer Jerusalem erwähnt zwar das Kidrontal als besonders beachtenswert, beschreibt auch die „bedeutendsten Grabmäler" dort – Absalomgrab, Sacharjagrab (Zachariasgrab), Bene Chesir Gräber – kein Wort jedoch zum Grab der Maria. Vgl. Baedekers Jerusalem, Ostfildern/Stuttgart, 1987; im Polyglott-Reiseführer Israel werden weitere Gräber im Kidrontal genannt: das Zachariasgrab mit seiner pyramidenartigen Spitze, das Jacobusgrab mit dorisch anmutender Fassade, das Absalomgrab sowie das teils verschüttete Grab Josaphats, alles Gräber aus hellenistischer Zeit, und schließlich vom Kidrontal getrennt das Mariengrab. Vgl. Polyglott-Reiseführer Israel, München, 1982. In neueren Führern wie dem Nelles Tourguide Israel/Jordanien von 2010 findet man das Mariengrab im Zusammenhang mit dem Ölberg, was mit der geographischen Situation übereinstimmt. Die Loslösung von der ursprünglichen Lokalisierung der Legende spiegelt die veränderte Gewichtung der geographischen Orte. Zur Zeitenwende war der Ölberg ein mit Olivenbäumen bewachsener Berg mit teilweise privaten Gärten, wo Ölpressen zur Ölgewinnung standen. Dies verrät schon der Name Gethsemane aus hebr. *‚gat schemaním'* oder aram. *‚gat schamna'* – Ölpresse. Heute werden im mittleren Bereich noch Olivenhaine gepflegt, sodass man den alten Charakter erspüren kann. Relativ weit oben, nahe der Dominus-Flevit-Kirche, hat man jüngst Grabhöhlen aus der Zeitenwende mit jüdischen und christlichen Symbolen freigelegt. Oberhalb des eigentlichen Kidrontals befindet sich der traditionelle jüdische Friedhof, der zu überwältigender Größe angewachsen ist.

[50] Bruno Kleinheyer, „Maria in der Liturgie", in: Wolfgang Beinert / Heinrich Petri, Handbuch der Marienkunde, Regensburg, 1984, S. 423.

Jerusalem war, geweiht.[51] In diesem Zuge wurde der bis dahin eher allgemein ausgerichtete Marienfesttag am 15. August als Tag ihrer Aufnahme in den Himmel präzisiert. Dies geht aus dem ältesten Zeugnis für die entsprechende Feier hervor, dem altarmenischen Lektionar, das zwischen 417 und 439 in Jerusalem Verwendung fand.[52]

Das Mariengrab befindet sich also etwas oberhalb des Josaphat-Tals, am Fuße des Ölbergs, nur wenige Schritte von Gethsemane entfernt unmittelbar neben der Gethsemane-Grotte, einer sehr kleinen Höhlenkirche mit Resten von Wandmalerei aus der frühchristlichen Zeit. Über dem Mariengrab erhebt sich heute eine Kreuzfahrerkirche aus dem 12. Jahrhundert, die nach unten in den Berg hineingebaut wurde. Man steigt 25 Stufen aus örtlichem Kalkstein hinab zu einem eingemauerten Vorplatz, von dem ein Weg seitlich in die Gethsemane-Grotte abzweigt. In der Hauptsache dient der Platz gewissermaßen als Narthex für die in den Berg hineingebaute Kirche. Man steigt dann weitere 45 Stufen hinab in den Kirchenraum, vorbei an den Gräbern von Marias Eltern Joachim und Anna (rechts) und vorbei am Grab Josephs (links). Ganz unten öffnet sich rechts der eigentliche Kirchenraum. In diesem befindet sich in einer winzig kleinen Kapelle das in den Felsen gehauene Mariengrab.[53] Emil Bock konnte den Ort noch unbeeinflusst von den modernen touristischen Begleiterscheinungen wahrnehmen und schreibt: *„Heute erhebt sich über dem Grabe der Maria im Tale Josaphat eine von den Kreuzfahrern gebaute Basilika, die eine der stimmungsvollsten Stätten des heiligen*

[51] Juvenal war es auch, der das Weihnachtsfest am 25. Dezember in Jerusalem einführte.

[52] B. Botte, Le léctionnaire arménien et la fête de la Théotocos à Jérusalem au Vè siècle, in: SE 2, 1949, p. 111-122.

[53] Die Mariengrabkirche wird heute sowohl von der armenischen Kirche als auch von der griechisch-orthodoxen Kirche „betrieben“ und beansprucht, wobei die Dienste täglich wechseln. Es ist nicht leicht für die Geistlichen, ihre Kirche mit Pilgern und Touristen teilen zu müssen, die nach ihrer Auffassung fremden Glaubensrichtungen angehören, und die sie deshalb mitunter laut abweisend behandeln.

Landes ist. Sie wölbt sich über einem uralten Quellenheiligtum. Ist man durch das Tor eingetreten, so muss man im Dämmerdunkel zunächst auf einer breiten Treppe tief hinuntersteigen in den Schoß der Erde. Unten im eigentlichen Raum der Kirche fühlt man sich in kühler Brunnentiefe den Quellen des Lebens nahe; und der Ort selbst lädt uns ein, dem grossen Wege nachzusinnen, der von den reinen jungfräulich-paradiesischen Anfängen der Erdenschöpfung hinführt zu der im Innern des Menschen neu errungenen Unschuld und Jungfräulichkeit, die das Marienhafte im Menschenwesen ist."[54]

Für Jerusalem galt immer schon in besonderem Maße, dass man Geschehnisse und Orte der Heilsgeschichte an einem bestimmten geographischen Ort verankert haben wollte. Dabei geschieht es auch, dass manche Begebenheit mehrfach verortet wird. Der Mythos erhält eine stärkere Kraft als die Wirklichkeit selbst, zumal sich diese kaum noch rekonstruieren lässt.

Maria in Ephesos

So plastisch und glaubbar die Erinnerungen an Mariae Entschlafung in Jerusalem gepflegt werden, so gibt es dennoch auch die andere Version, nach der Maria ihr Lebensende gemeinsam mit dem Evangelisten Johannes bei Ephesos verbracht hat und dort gestorben und begraben sein soll. Diese Tradition ist im Gegensatz zu den heute verbreiteten Ansichten sehr alt, sie geht mindestens auf Irenäus von Lyon († um 202) zurück, geht durch ihn in die Kirchengeschichte ein, wird aber sowohl von der biblischen als auch von der historischen Wissenschaft angezweifelt.

Spuren der Maria in Ephesos sind durchaus vorhanden. So gab es westlich des Serapeion am unwegsamen Berghang eine frühchristliche Kirche, die längst zerstört ist, und die früher einmal *Kryphi Panaghia* – die verborgene Heilige – hieß. Die Christen, die bis zu ihrer

[54] Emil Bock, Urchristentum, Bd. 2, Kindheit und Jugend Jesu, Stuttgart, 1939, Ausg. 1956, S. 157.

Vertreibung 1922 dort lebten, wussten von ihr. M. Constantinidhis, ein Gemeindevorsteher, der sich als Hüter dieser alten Lokaltradition empfand, hat 1892 dieses Wissen für die Nachwelt festgehalten: „Nach der Kreuzigung unseres Herrn Jesus Christus in Jerusalem blieb unsere heilige Jungfrau, die Mutter Gottes, unter der Obhut des heiligen Johannes, und sie kamen nach Ephesos, und die heilige Jungfrau machte sich eine Grotte im Westen der Stadt Ephesos, auf dem Berge Budrun, gegen Norden. Wegen der Verfolgung seitens der Heiden hielt sich die heilige Jungfrau dort verborgen, und man nannte diese Grotte *Ghizli Panaghia*, d. h. die verborgene Jungfrau. Man feiert ihr Festandenken am Tage der Zoodoku-Pygis, am Freitag nach Ostern."[55] Nach Constaninidhis verließ Maria einige Zeit später diesen Ort und zog nach *Kavakli Panaghia* – Maria bei den Pappeln – und von dort auf den Bülbül Dagh, einen nahen Bergzug, wo sie in ihrem Haus entschlafen sei. Man hat 1955 die alte Felsenkammer wiedergefunden. Es gibt dort eine dem Stollen einst vorgelagerte 8 Meter breite und 5 Meter tiefe Vorhalle, die ins fünfte oder vierte Jahrhundert datiert wird.[56] Aus frühbyzantinischer Zeit stammt ein Kirchlein auf den fast 500m hohen Anhöhen des Bülbül Dagh mit dem graeco-türkischen Namen *Monastiri ütsch Kapu* – Marienkloster zu den drei Toren, auch *Panaghia Kapulü* genannt. Fundamente werden ins erste Jahrhundert datiert, während die Apsis aus dem vierten Jahrhundert stammen soll. Wie kam man auf diesen Ort? Schon 1822 hatte im westfälischen Dülmen die stigmatisierte Nonne Anna Katharina Emmerick (1774-1824) in ihren Schauungen das letzte Wohnhaus der Maria, das zum Ort ihrer Entschlafung wurde, wahrgenommen und nach Lage und Gestalt beschrieben. Durch die Bearbeitung des Dichters Clemens von Brentano wurden ihre Visionen aufgezeichnet und 1852 veröffentlicht.[57] Diese Visionen waren zwar nie unumstritten, machten jedoch einen starken Eindruck auf

[55] Johannes Niessen, Panagia Kapuli, Dülmen, 1906, S. 370, zit. n. K. Gschwind, Der ephesische Johannes und die Artemis Ephesia, Basel, 1965, S. 20.

[56] K. Gschwind, Der ephesische Johannes und die Artemis Ephesia, S. 20.

[57] Vgl. Fn. 35. Anna Katharina Emmerich, Leben der heiligen Jungfrau Maria, Aschaffenburg, 5/1978.

ihre Leser. Immerhin nahmen sie sowohl katholische Kreise als auch wissenschaftliche Archäologen ernst und hatten kein Problem, sich auf Übersinnliches einzulassen: „Wer das nötige psychische Empfangsgerät besitzt, kann geschichtlich Geschehenes selbst bei lokal und zeitlich weiten Abständen wieder in sich aufnehmen und erleben.“, schreibt der Basler Domherr K. Gschwind.[58] Und so fanden 1881 der französische Geistliche Julien Goyet und zehn Jahre später die Lazaristenpatres von Smyrna/Izmir die *Panaghia Kapulü*, das Haus der Maria, auf dem Bülbül Dagh. Sie erfuhren auch, dass die christlichen Bewohner aus dem 8 km entfernten Dorf Kirkindsche, umgesiedelte Epheser Christen, seit altersher am 15. August, dem Tag Mariae Himmelfahrt, zur *Panaghia Kapulü* pilgerten.[59] Längst ist die *Panaghia Kapulü* von den Fachwissenschaften untersucht.[60] Inzwischen ist der Ort umbenannt in *Meryem Ana* – Mutter Maria – und hat sich zum wichtigsten christlichen Pilgerziel in der Türkei entwickelt, das überdies auch von Moslems aufgesucht wird. Unverkennbar hat dieser so zauberhaft gelegene Wallfahrtsort eine starke Ausstrahlung auf die gesamte Umgebung. Man kann den Eindruck gewinnen, dass hier stärkere Lebenskräfte wirksam sind als an anderen Orten, als habe die kosmisch und irdisch wirkende Liebeskraft der Maria diese Stätte so stark geprägt, dass ein Nachglanz noch heute spürbar erscheint und die Menschen dazu einlädt, empfänglich zu werden für diese besondere Spiritualität.[61]

---

[58] K. Gschwind, S. 20 ff.

[59] K. Gschwind, S. 21 ff.

[60] Die frühesten Unersuchungen stammen von Johannes Niessen, Panagia Kapuli. Das neuentdeckte Wohn- und Sterbehaus der hl. Jungfrau Maria bei Ephesus, Dülmen, 1906; Johannes Niessen, Ephesus. Die letzte Wohnstätte der hl. Jungfrau Maria bei Ephesus, Dülmen, 1931; Clemens Henze, Meryem Ana, Würzburg, 1961; Joseph Euzet, Lazariste, Historique de la Maison de la Sainte Vierge près d'Ephèse, Istanbul, 1961. Kritisch sieht dies Clemens Kopp, Das Mariengrab. Jerusalem? Ephesos?, Paderborn, 1955.

[61] Ich konnte in den letzten Jahren die Stätte der Maria bei Ephesos in ihrer lebendigen Atmosphäre mehrfach sehr eindrucksvoll erleben, auch wenn der Touristenstrom den Ort fast durchgängig zeitgleich mit 40-50 Reisebussen füllt und das touristische Begleitprogramm intensiv ausgelebt wird.

Der Heimgang Marias bleibt rätselhaft…

Soweit wir bisher gesehen haben, muss man sich eingestehen, dass mit den Mitteln der Geschichtswissenschaften der Todesort der Maria nicht erforschbar ist. Sowohl Jerusalem als auch Ephesos sind aus der Tradition gut belegt, mehr aber ist nicht erkennbar. Ein Schleier liegt von Anfang an über diesem Geheimnis, als sei es noch nicht an der Zeit, die Lebensumstände, zu denen das Todesereignis ja auch gehört, genauer zu erfassen. Oder ist das Versagen dieser Methode beabsichtigt? Soll es so sein, dass die „historische" Maria nicht jedem erkennbar sein sollte? Dass vielleicht bestimmte Voraussetzungen nötig sind? Vieles spricht dafür, den Blick zu weiten und die Visionen der Anna Katharina Emmerick, die sich schon einmal als fruchtbar erwiesen haben, zu überprüfen. Die hellsichtige Nonne hatte in mehreren aufeinanderfolgenden Jahren immer um die Mitte des Monats August Schauungen gehabt, in denen sie den Tod der Maria nacherleben konnte. In der Tat schildert Anna Katharina Emmerick die letzten Lebensjahre der Maria so ausführlich und detailreich, dass sich sämtliche Widersprüche aufheben: Maria hatte ihre letzten Lebensjahre in Ephesos verbracht und dabei die Sehnsucht gehabt, noch einmal nach Jerusalem zu reisen, um die Orte mit all ihren Geschehnissen aufzusuchen. Diese Reise wurde ihr möglich und sie nahm Wohnung im Coenaculum auf dem Zionsberg. Es wurde eine sehr schwere Zeit für sie, denn sie erlebte alles Geschehene nochmals „von schmerzlicher Erinnerung bewegt" nach. Sie wurde so krank und schwach und erlitt so viele Ohnmachten, dass man ihren Tod erwartete und die Apostel in einer Höhle am Ölberg ein Grab für sie vorbereiteten. Maria aber genas und konnte nach Ephesos zurückkehren, wo sie dann später starb.[62] Dieser Teil der Geschichte wurde erstaunlicherweise nicht überliefert und so haben sich für die äußere Welt zum Rätsel über die beiden Marien auch noch die Rätsel über den Marientod hinzugefügt. Man kann darin ein äußeres Bild dafür sehen, dass auch das Wesen der Maria erst noch zu ergründen ist. Diese Aufgabe haben die frühen Christen gefühlt und mit ihren Möglichkeiten umzusetzen versucht.

---

[62] Anna Katharina Emmerich, Leben der heiligen Jungfrau Maria, S. 405-413.

Wenn man in den frühchristlichen Jahrhunderten und auch im frühen Mittelalter an den Tod Marias dachte, so meinte man selbstverständlich die Aufnahme ihrer Seele in den Himmel. Allerdings gab es daneben auch schon früh die Vorstellung ihrer leiblichen Himmelfahrt. Die *„Obsequien der heiligen Jungfrau"*, ein syrisches Fragment, über die Trauerfeiern der Maria, das auf das vierte Jahrhundert, vielleicht auf den Beginn des dritten Jahrhunderts datiert wird, berichten davon. Dort diskutieren die Apostel Petrus, Johannes und Andreas mit Paulus vor dem Eingang von Marias Grab. Jesus befiehlt daraufhin dem Erzengel Michael, Marias Leichnam in den Himmel zu heben, und lässt die Apostel auf Wolken folgen.[63] In dieser und anderen Varianten des Motivs wird die entschlafene Maria in den Himmel gebracht. Wir kennen solche Darstellungen aus der Kunstgeschichte.

Der Tod Marias wurde sprachlich stets umschrieben, um das auszudrücken, was man wirklich meinte, nämlich das Hinübergehen in eine andere Welt. So sprechen die Griechen heute noch von der ‚Entschlafung Mariens' *(koímesis)*, die allerdings nicht die leibliche Aufnahme in den Himmel meint. Die Lateiner übernahmen diesen Begriff als *‚dormitio'* oder sie sprechen vom *‚transitus Mariae'*.

In Festen wird Maria greifbar
In Konzilien wird Maria definiert…

Bis ein Gedenken des Marientodes in die kirchlich-christliche Tradition aufgenommen und festlich begangen wurde, soll es noch lange dauern. Immerhin wird als Fest der *Dormitio* der Todestag der Maria im Osten gegen 650 durch den Kaiser Mauritius offiziell für den 15. August ausgerufen und im Zusammenhang mit dem Bilderstreit von fliehenden Mönchen in den Westen gebracht. Freilich existierte ein ähnliches Fest bereits um 430 in Jerusalem, wo am 15. August

[63] Joe H. Kirchberger, „Maria: Dogmen, Kult, Brauchtum", in: Herbert Haag / Joe H. Kirchberger / Dorothee Sölle / Caroline H. Ebertshäuser, Maria. Kunst, Brauchtum und Religion in Bild und Text, Freiburg, 1997, S. 169.

ein Mariengeburtsfest für das Himmelreich begangen wurde.[64] Die Entstehung und Entwicklung der Marienfeste vorausgreifend, kann man sagen, selbst wenn Papst Sergius I (687-701) schon im siebten Jahrhundert die Gläubigen barfuß durch Rom führte – vom *Lateran* zur Kirche *Santa Maria Maggiore* und weiter durch das Forum zur Morgenmesse in der Kirche *Santa Maria Antiqua* – und damit eine Lokaltradition schuf, die immerhin bis 1566 gepflegt wurde, so hatte das Fest der *Dormitio* im achten und neunten Jahrhundert noch immer keine große Bedeutung. Die Zeit für die zahlreichen großen Marienfeste sollte erst nach 1200 kommen und brachte dann auch manche Veränderung mit sich. So gab es bis Anfang des 13. Jahrhunderts nur die vier offiziellen Marienfeste, die heute längst um rund zwanzig Marienfeste sowie um flexible marianische Zeitabschnitte im Kirchenjahr erweitert wurden:

2. Februar: Mariae Lichtmess (Reinigung Mariens)
25. März: Mariae Verkündigung
15. August: Mariae Himmelfahrt
8. September: Mariae Geburt

Gerade die Feste boten Gelegenheiten, Maria in den verschiedenen Kunstformen zu ehren und damit theologische Lehren zu festigen. Ephrem der Syrer (um 306-373) gehört zu den ersten Dichtern von Marienhymnen. Seine Hymnen wurden aus dem Syrischen übertragen und fanden weite Verbreitung. In seinem Hymnus über die Geburt Christi deutet er wundervoll poetisch den Weg des kosmischen Christuswesens vom Himmel zur Erde an:

„Damit er nicht durch seine Größe
die Schauenden verwirre,
fasste er sich selber zusammen,
aus dem All ins Land der Hebräer,

[64] Georg Söll, „Maria in der Geschichte von Theologie und Frömmigkeit", in: Wolfgang Beinert / Heinrich Petri, Handbuch der Marienkunde, Regensburg, 1984, S. 133.

und aus diesem ganzen Land nach Judäa,
und von dort nach Bethlehem,
bis er nur den kleinen Schoß (Marias) füllte.
Und wie er das Senfkorn in unserem Garten geworden ist
Und der kleine Strahl für unser Auge,
ging er auf, breitete sich aus
und erfüllte die Welt."[65]

Aus diesem Hymnus kann man bereits herauslesen, dass eine weitere Entwicklung und Wandlung in der Auffassung der Maria kommen wird. Tatsächlich gab es im fünften Jahrhundert einen Einschnitt in der Gemütshaltung der frühen Christen. Das Christentum war bereits seit 75 Jahren Staatsreligion und die theologischen Auseinandersetzungen um die als richtig empfundenen Lehren in vollem Gange. Schon am Ende des 4. Jahrhunderts ist das innere Leben der christlichen Kirche erstarrt. Geisteserfahrung ist zurückgetreten, die Tradition muss die Lücke füllen. Während Rom noch mit den Folgen der Völkerwanderung beschäftigt ist, werden die strittigen Glaubensfragen vom Kaiser in Byzanz zur Entscheidung gebracht. Bald rivalisieren im Osten die großen Patriarchate von Alexandrien, Konstantinopel und Antiochien. Auch auf theologischer Ebene herrscht Uneinigkeit. In Antiochien hängt man der Logoslehre des Origenes an, während man diese in Alexandrien ablehnt. Daraus entstand der „nestorianische Streit", der schließlich auf Betreiben des Patriarchen Nestorius zur Einberufung des dritten ökumenischen Konzils von Ephesos durch den Kaiser Theodosius führte. Nestorius (381-451), einst Mönch bei Antiochien, im Jahr 428 Patriarch von Konstantinopel, wollte wissen, wie die Gestalt der Maria aufzufassen sei, wenn der Christus, wie im Trinitätsdogma vom „Nicaeno-Constantinopolitanum"[66] festgelegt, mit dem Vatergott wesenseins ist, kann dann wirklich die Mutter Jesu die „*Theotokos*" (Gottesgebärerin), wie sie im Volk längst bezeichnet wurde, sein? Die Frage lautete also, ob Maria einen Gott oder einen

[65] Ephrem der Syrer, zit. n. Kirchberger, „Marias Leben", S. 60-61.

[66] Die Konzile von Nicaea 325-327 und Konstantinopel 381, bei denen das christliche Glaubensbekenntnis festgelegt wurde.

Menschen geboren hatte. Nestorius war der Meinung, die Jungfrau Maria habe keinesfalls einen Gott geboren, sondern den menschlich-physischen Leib bereitet, in den der Christus einziehen sollte. Deshalb müsse sie als *„Christotokos"*, als „Christusgebärerin" angesehen werden. Christus sei „wahrer Mensch **und** wahrer Gott", und zwar seiner menschlichen Natur nach durch Maria geboren, seiner Göttlichkeit nach aber anderen Ursprungs. Somit habe Maria gar nicht den Logos Gottes gebären können. Eine weitere Sorge, die Nestorius bewegte, war, dass die Verehrung der Maria als *„Theotokos"* die alten Mutterkulte, wie sie ja im Volk noch recht intensiv praktiziert wurden, weiter förderte und die Einmaligkeit des Christus damit schmälerte. Nestorius hatte Richtiges erkannt, blieb jedoch einseitig und argumentierte unzulänglich.

Besagtes Konzil, das zu Pfingsten 431 in Ephesos stattfand, und an dem 200 Bischöfe teilnahmen, war alles andere als ein Ort, wo um spirituelle Fragen gerungen wurde. Cyrill, seit 412 der Patriarch von Alexandria († 444), hatte das Konzil eigenmächtig vorzeitig eröffnet. Ein pfingstlicher Geist fehlte völlig, vielmehr herrschten Chaos und große Aufgeregtheit. Feindseligkeiten wurden ausgetragen, Intrigen gesponnen und schließlich Nestorius rechtswidrig abgesetzt und verurteilt.[67] Nestorius wurde daraufhin zunächst nach Petra in Arabien, später in eine Oase in Ägypten in die Verbannung gebracht, wo er nach etwa 20 Jahren im Elend gestorben sein soll. Dies war das Ende der Nestorianer im Kernbereich des Christentums. Einige seiner Anhänger wanderten mit ihren Gemeinden ins Sassanidenreich in Persien aus und brachten in den folgenden Jahrhunderten das Christentum weit in den Osten bis nach Indien und China.[68]

[67] Renate Riemeck hat dies als Historikerin ausführlich beschrieben und in seinen Auswirkungen untersucht. Renate Riemeck, Glaube. Dogma. Macht. Geschichte der Konzilien, Stuttgart, 1985.

[68] Noch heute existiert die Nestorianerkirche. Trotz Verfolgung durch Kurden und Türken zählt sie noch etwa 100000 Mitglieder; vgl. Kirchberger, S. 164. Zur Geschichte und Kultur der Nestorianer entlang der Seidenstraße von Mesopotamien bis China, Mongolei und Südindien siehe: Christoph Baumer, Frühes Christentum zwischen Euphrat und Jangtse, Stuttgart, 2005.

In der Frage, ob Maria wirklich die Gottesgebärerin sei, siegte indes Cyrill, ein ehrgeiziger, herrschsüchtiger und skrupelloser Machtmensch, der nach der Oberhoheit der gesamten östlichen Kirche strebte. Es ist derselbe, der zuvor den Tod der bedeutenden und als besonders edel geltenden griechischen Philosophin Hypatia (um 370 – um 415), die in Alexandrien neuplatonische Lehren vortrug, auf dem Gewissen hat.[69] Cyrill hatte die Konzilsteilnehmer gleich mit einer Marienpredigt begrüßt, die in ihrer begeisterten Verherrlichung kaum zu überbieten war und Maria nicht enden wollende Fähigkeiten zuschrieb:

> *„Sei uns gegrüßt, Gottesgebärerin Maria, verehrungswürdiges Kleinod des ganzen Erdkreises, Lampe, die nie erlischt, Krone der Jungfräulichkeit, Szepter der Rechtgläubigkeit, Heiligtum, das nie zerstört wird (...) Sei gegrüßt durch die die Dreifaltigkeit auf dem ganzen Erdkreis verherrlicht und angebetet wird (...) durch die die Dämonen verjagt werden, durch die der Teufel, der Versucher, vom Himmel gestürzt ist, durch die die gefallene Kreatur wieder in den Himmel aufgenommen wird, durch die die ganze Schöpfung, die in Götzendienst befangen war, zur Erkenntnis der Wahrheit gelangt ist, durch die den Gläubigen die heilige Taufe gespendet, durch die das Öl der Freude vermittelt wird, durch die auf der ganzen Welt Kirchen erbaut worden sind, durch die die Völker zur Buße geführt werden (...) durch die die Apostel den Völkern das Heil verkünden, durch die die Toten auferweckt werden, durch die die Herrscher regieren.“*[70]

Allein in der Formulierung „durch dich“ machte Cyrill Maria zur Miterlöserin, als die sie dann in der Folgezeit angesehen wurde. Eine

[69] vgl. Riemeck, Glaube, Dogma, Macht, S. 41 f.; zu Hypatia siehe auch Louis Locher-Ernst, „Hypatia“, in: Mathematik als Vorschule zur Geisterkenntnis, Dornach, 1973; Rudolf Steiner, Vortrag vom 29. Dez. 1910, in: Okkulte Geschichte, GA 126.

[70] O. Bardenhewer, Marienpredigten aus der Väterzeit, München, 1934, S. 81. Zit. n. Georg Söll, „Maria in der Geschichte von Theologie und Frömmigkeit“, S. 120.

Theologie bzw. Mariologie, die bis heute für die katholische Kirche gilt.

Nestorius hatte das Volksempfinden richtig eingeschätzt. Die Bevölkerung von Ephesos, durch ihren Bischof Memnon, der ein Anhänger Cyrills war, gegen Nestorius aufgestachelt, zog fanatisch durch die Straßen, um „die große, erhabene und ruhmreiche Gottesmutter" zu preisen.[71] So muss es einst Paulus entgegengeschallt haben, als die Epheser, besorgt um ihre Stadtgöttin schrien, *„Groß ist die Diana der Epheser!"*[72] Nach dem Sieg des Cyrill schrien sie dann *„Heil der Theotokos!"* oder auch *„Lang lebe Cyrill!"*[73] Und weiter: *„**Ein** Coelestin, **ein** Cyrillus, **ein** Glaube des Konzils, **ein** einziger Glaube der ganzen Welt!"*

Cyrill schickte seinen Siegesbericht, der auch die Stimmung in Ephesos beschreibt, sofort nach Alexandria:

> *„Mehr als 200 Bischöfe waren zusammengekommen. Es harrte aber das ganze Volk der Stadt vom Morgen bis zum Abend aus und erwartete das Urteil des heiligen Konzils. Und als sie hörten, dass der Lästerer verdammt sei, fingen alle an, mit einer Stimme dem heiligen Konzil zu huldigen und Gott zu preisen, dass der Feind des Glaubens gefallen sei. Als wir aber aus der Kirche heraustraten, führten sie uns mit Fackeln bis zu unserer Herberge – es war nämlich schon Abend – und es war viel Freude und Licht in der Stadt, sodass uns auch Frauen voranschritten, die Räucherfässer trugen. So zeigte der Heiland denen, die ihn lästerten, seine Herrlichkeit…"*[74]

Im Anschluss an das Konzil verfasste Cyrill ein Gebet, das nicht nur

[71] Riemeck, S. 50.

[72] Apostelgeschichte des Lukas

[73] Kirchberger, S. 62.

[74] Acta conciliorum oecomenicorum 1,1, ed. E. Schwartz, Straßburg, 1914 ff., zit. n. Friedhelm Winkelmann, Die östlichen Kirchen in der Epoche der christologischen Auseinandersetzungen, S. 80.

die Stimmung im Volk spiegelte, sondern theologische Formeln vorfertigte, die später zu kirchlichen Dogmen werden sollten. Dieses Gebet gehört zu den frühesten Marienhymnen und wurde überaus berühmt. In seiner poetisch-musikalischen Gestalt bewirkte es, dass entscheidende Vorstellungen tief ins Unterbewusstsein der Gläubigen eingeprägt wurden, lange bevor man sich bewusst mit ihnen auseinandergesetzt hatte.

„Sei uns gegrüßt, Maria, Mutter Gottes, du ehrwürdiger Schatz der ganzen Welt,
du unauslöschliche Lampe, Krone der Jungfernschaft,
Szepter der rechtgläubigen Lehre, immerwährender Tempel,
Aufenthalt dessen, den kein Aufenthaltsort in sich fassen kann!
Mutter und Jungfrau! Sei uns gegrüßt,
die du in deinem jungfräulichen Leibe das Unermessliche
und Unbegreifliche eingeschlossen hast;
durch welche die heilige Dreieinigkeit verherrlicht und angebetet,
das kostbare Kreuz des Heilands erhöht und verehrt wurde;
durch die der Himmel triumphiert, die Engel und Erzengel sich freuen,
die Teufel vertrieben werden,
durch die der Versucher überwunden
und das gefallene Geschöpf bis in den Himmel erhoben worden ist.“[75]

In der Stadt Ephesos wurden nun allenthalben Artemisbilder in Marienbilder umfunktioniert. Oft genügte dazu eine Änderung der Inschrift oder ein hinzugefügter Heiligenschein.[76]

Im Laufe des auf Ephesos folgenden Jahrhunderts räumte man innerhalb der Kirche den überlieferten Dogmen und Lehren kirchlicher Autoritäten den höchsten Rang in der theologischen Diskussion ein. Die Aussagen der Kirchenväter wurden fast gleichgewichtig mit den Briefen der Apostel behandelt und selbständige Erkenntnissuche

[75] Cyrill, zit. n. Kirchberger, S. 63.

[76] Georg Söll, S. 122.

war zu Gunsten von Interpretationen in den Hintergrund getreten. So waren die Bischöfe, die den Kaiser Justinian zur Einberufung eines neuen Konzils gebracht hatten, in erster Linie daran interessiert, feststellen zu lassen, welche im Sinne des Kaisers und der Kirche als „wahre" und „echte" Lehre gelten solle.[77]

Justinian ging es um „die Standardisierung von staatlicher Autorität und kirchlicher Tradition."[78] Ein wesentliches Anliegen war ihm auch, die logos-affine Theologie des Origenes mit ihren antik-heidnischen Inhalten aus der alten Mysterienweisheit und der griechischen Philosophie, die ihm viel zu beweglich und lebendig erscheinen musste, auszulöschen. Ein erster Schritt in diese Richtung war ihm bereits mit der Schließung der Philosophenschule von Athen 529 gelungen. Im Mai 553 ließ nun der Kaiser durch den Patriarchen von Konstantinopel das Konzil eröffnen. Es fand im Sekretarium der Hagia-Sophia, der damals größten Marienkirche, statt und hatte etwa 160 Teilnehmer, die brav und ohne Prüfung den Vorgaben Justinians folgten. Origenes wurde drei Jahrhunderte nach seinem Tod als Ketzer verurteilt, seine Schriften als „gotteslästerliche Irrlehren" verworfen. Auch Arius, Nestorius und weitere unliebsame Kirchenlehrer wurden mit Bannflüchen belegt, was nun auch zum Ausschluß der ostkirchlichen Monophysiten führte. „Was zur Reichskirche gehörte und was sie zu glauben hatte, bestimmte der Kaiser",[79] fasst Renate Riemeck in ihrer Konziliengeschichte zusammen.

Daneben brachte das Konzil einen wichtigen neuen Aspekt in der Auffassung vom Wesen der Maria. Man hatte dort die Jungfräulichkeit der Maria nochmals neu betrachtet und endgültig als Dogma formuliert. Die Kirchenoberen hatten Marias Jungfräulichkeit vor, in und nach der Geburt Christi festgesetzt: *„ante partum, in partu et*

---

77 Riemeck, S. 64.

78 Riemeck, S. 65.

79 Riemeck, S. 66.

post partum Christi". Damit war ein einzelnes Charakteristikum der Maria zementiert worden und rückte in seiner Bedeutung an die erste Stelle: Maria ist allzeit Jungfrau, griechisch *aei parthenos;* lateinisch *semper virgo.* Wir werden darauf zurückkommen.

Maria prägt die Literatur...

Schon das Konzil zu Ephesos hatte den Weg freigegeben für die Entstehung einer neuen Literaturgattung, in der sich ein reicher Schatz an Marienhymnen, überhaupt an Marienlyrik entwickelte. In tausend Namen wurde Maria bald angerufen. Dass man sich für die Vita der Maria interessierte, geschah jedoch wesentlich später. Erst ab dem 10. Jahrhundert entwickelten sich Marienviten, die dann hauptsächlich auf den apokryphen Evangelien basierten. Als besonders einflussreicher Text gilt die *Vita beatae virginis Mariae et salvatoris rhythmica* aus der ersten Hälfte des 13. Jahrhunderts, also der Entstehungszeit der Chartreser Fenster. Sie stammt von einem deutschen Verfasser, wurde aber in lateinischer Sprache geschrieben und umfasst über 8000 Zeilen. Jahrhundertelang blieb sie Inspirationsquelle und Informationsquelle für nachfolgende Autoren, die ihre persönlich gefärbten „Marienleben" schrieben.[80]

Im Mittelalter gab es zahlreiche Legendensammlungen, in denen Maria stets als gekrönte Himmelskönigin, gütige Helferin der Armen, Bedrängten und Sünder erscheint. Die Sammlung des Dominikanermönches und Erzbischofs von Genua, *Jacobus de Voragine* (um 1230-1298), die *Legenda Aurea*, ist sicher die bekannteste, da sie als Buch gedruckt und später im gesamten Abendland verbreitet war. Daneben gab es eigene Sammlungen marianischer Legenden wie etwa die 25 Marienlegenden des *Gonzalo de Berceo* (um 1200), die 360 Legenden der *Cantigas de Santa Maria* des *Alfons des Weisen von Kastilien* (um 1250), die *Miracles de Notre Dame* von *Gautiers de Coincy* und *Jean le Marchant*, welche für Chartres so wichtig sind, dass ihnen ein eigenes Fenster zugedacht ist, aber auch das in

[80] vgl. Kirchberger, S. 72.

Deutschland verbreitete *Passional* und die Sammlung *Der maget crone* aus dem 14. Jahrhundert, um wenigstens einige zu nennen.

Im Zuge dieser neu gefassten Hinwendung zu Maria, die nun gar nicht mehr die ferne Himmelskönigin war, sondern zur göttlichen Mutter wurde, an die man sich persönlich wenden konnte, entstand ein reicher Schatz an Mariengebeten, lyrischen Mariengesängen sowie Marienantiphonen, die als Wechselgesang Teil des Gottesdienstes wurden.[81] Nicht nur mit den Mitteln der Sprache, sondern in allem künstlerischen Schaffen verherrlichte man alsbald Maria. Und nicht zuletzt war Maria der Anlass für den Bau der meisten großen gotischen Kathedralen. *„De Maria numquam satis"* lautet die Zusammenfassung der christlichen Tradition: Über Maria ist niemals ausreichend gesprochen.

Während in der bildenden Kunst der frühchristlichen Zeit und noch des frühen Mittelalters das Bild der Maria als Mutter überwiegt, werden Marientod und Himmelfahrt ein zentrales Thema der Gotik. Das Kultbild der thronenden Maria mit dem Christuskind wird gewissermaßen von der freistehenden Muttergottes, wie sie den gläubigen Menschen an den Portalen der großen Kathedralen empfängt, abgelöst. Auf diese Art begleitet Maria den Pilger-Menschen auf dem Weg zu Gott. Wie sie selbst von Gott aufgenommen wurde, ist sie in der Komposition der Portalskulptur hinter und oberhalb der freistehenden Maria regelmäßig dargestellt.

Maria prägt die Gotik...

In Chartres befindet sich ein Marienportal auf der südlichen Seite des Westportals, das von 1145-50 geschaffen wurde. Diese Darstellung überstrahlt würdevoll und geheimnisvoll alle anderen Mariendarstel-

[81] Einen sehr schönen Überblick über die Marienliteratur von den Anfängen bis zur Gegenwart mit zahlreichen Text- und Bildbeispielen gibt Joe H. Kirchberger. „Maria in der Literatur" in: Herbert Haag et al., Maria; vgl. Die Deutsche Literatur vom Mittelalter bis zum 20. Jahrhundert, Band I/1, Mittelalter, (Hrsg. Helmut de Boor, Walter Killy), München, 1965, Nachdruck 1988.

lungen der Kathedrale. Im rechten Tympanon sitzt die gekrönte Muttergottes mit dem Jesuskind auf dem Himmelsthron, dem Thron der Weisheit. Sie ist von zwei Engeln umgeben. In den Registern darunter ist die Geburtsgeschichte nach Lukas dargestellt. Auf den Kapitellen finden sich weitere szenische Darstellungen aus dem Marienleben. Auf andere Art eindrucksvoll erscheint Maria im Tympanon des mittleren Nordportals (nach 1204). Über der Darstellung vom Marientod erscheint in einem Dreipassbogen die Auferweckung und Krönung Mariens durch Christus. Auch diese Darstellung ist weitläufig von Szenen aus ihrem Leben umgeben. Hingegen zeigt die berühmteste Maria aus Chartres, die Maria vom Schönen Fenster (*Notre Dame de la Belle Verrière*, Mitte 12. Jahrhundert), allein die thronende Gottesmutter als Himmelskönigin mit Krone und Heiligenschein.

Maria als Kirche…

Als Herrscherin des Himmels war Maria im irdischen Denken der kirchlichen Theologen zur mächtigsten Person neben Christus geworden. Alldieweil Maria als *ecclesia* mit der Kirche gleichgesetzt wird, symbolisiert sie auch die Macht der Kirche gegenüber der weltlichen Macht. Dies geht auf eine alte Tradition zurück, die erstmals von Ambrosius, dem Bischof von Mailand, der ein Schüler des Augustinus war, ausgesprochen wurde: *„Maria est typus ecclesiae"*, Maria ist das Urbild der Kirche.[82] Sie hat Christus durch den Glauben empfangen und vertrat die Kirche unter dem Kreuz.[83] Da für das Verständnis des Menschen im Altertum Sache und Wesen unmittelbar zusammenhingen, brachte man ihnen so die Verklammerung von Gottesmutter und Kirche bei. Die Kirche bestimmte das Wesen der

---

[82] Ambrosius, Expos. Evangelium secundum Luc. 2, 7, in: Patrologia Latinae, vol. 15, col. 1555.

[83] Alois Müller, Ecclesia-Maria. Die Einheit Marias und der Kirche, Fribourg, 2/1955, S. 168-190; Alois Müller bestätigt in seiner im Wesentlichen patristischen Arbeit zum Verhältnis von Maria und Kirche das eigentlich bekannte Ergebnis, das er mit Nachdruck unterstreicht: „Maria ist die vollkommene (Verwirklichung der) Kirche – das Wesensgeheimnis der Kirche ist das Mariengeheimnis.", S. 239. Es ist dieselbe Meinung, die die Kirche immer schon und bis heute vertritt.

Maria. Vorbereitet war dies seit den Anfängen der Kirchengeschichte, denn schon die frühen Kirchenväter haben die Kirche mit dem Leib Christi gleichgesetzt, wie es in Tertullians Lehre für die gesamte spätere Tradition zusammengefasst ist: „Die Kirche, das himmlische Jerusalem, steht in engster Beziehung zu den drei göttlichen Personen. Sie ist die Braut Christi, sowohl in ihrer himmlischen Wirklichkeit wie auch im irdischen Abbild, als sein Fleisch. Seine Geburt war somit Zeichen und Anfang unserer Geburt in Gott, die sich gleich jungfräulich vollzieht wie seine Geburt in der Menschennatur. Damit wird die Kirche, seine Braut, zu unserer jungfräulichen Mutter."[84]

Nun also sollten und konnten die Gläubigen in der Person Maria alles vorgebildet finden, was in der Kirche Christi zu verwirklichen war. Die Kirche sollte zur heiligen Mutter aller Gotteskinder werden. Die theologische Begründung liefert Augustinus, indem er sagt, dass die Kirche die geistlichen Glieder Christi so gebiert wie Maria seine leiblichen Glieder geboren hat. Hymnisch spricht dies dann Ambrosius aus: *„Herrlich schreitet die Kirche einher in der Verkündigung des Evangeliums, herrlich schritt Maria einher, die ohne Zutun des Mannes den Urheber des Heiles als Jungfrau gebar. Herrlich sind die Schritte Mariens oder der Kirche, denn herrlich sind die Schritte derer, die die Frohe Botschaft bringen. Herrlich ist, was von Maria unter dem Bilde der Kirche gesagt wurde, wenn wir nicht Christi leibliche Glieder, sondern die Geheimnisse seiner Geburt ins Auge fassen."*[85] Immer wieder kreisen die Gedanken der frühen Kirchenlehrer, allen voran Augustinus und Ambrosius, um diese Verbindung.

Maria als Jungfrau, Große Mutter und Muttergottes

Betrachtet man das Thema vom Marientod und Mariae Aufnahme in den Himmel isoliert, so zeichnet sich eine gewisse Entwicklungslinie ab, die von Ephesos ihren Ausgang nimmt. Ausgerechnet in Ephe-

[84] Alois Müller, Ecclesia-Maria, S. 97.

[85] Ambrosius, De institut. virg. 14, 87-89, Patrologia Latinae, vol. 15; vol. 16, col. 320.

sos, das seit Urzeiten der wichtigste und stärkste Ort des Mutterkultes in Kleinasien war, waren zu Pfingsten 431 die Kirchenführer zu dem Beschluss gekommen, dass Christus als wahrer Gott und wahrer Mensch von Maria geboren sei, und gaben Maria offiziell den Titel *„Theotokos„* (Gottesgebärerin). Damit war Maria zur *„Großen Mutter“* gemacht worden. Die jungfräuliche Empfängnis war indes nie angezweifelt worden. Es gab auch keinen Grund dazu, denn sogar historische Personen wie etwa Pythagoras oder auch Platon sollen ja von Jungfrauen geboren worden sein und die Idee von jungfräulichen Göttinnen war aus dem Altertum vertraut. Umso mehr in Ephesos. Wieder ist es der christliche Schriftsteller Origenes (185-254), der uns diese außergewöhnlichen Ereignisse in Erinnerung hält. In seiner Schrift „Gegen Celsus“ erwähnt er die göttliche Zeugung Platons: Ariston, der Vater Platons, wird daran gehindert, die Ehe mit seiner Frau Periktione zu vollziehen, bis der Gott Apoll mit der Jungfrau Periktione Plato gezeugt hat. Vom Kirchenvater Tertullian ist eine ähnliche Erzählung über die Zeugung Alexanders des Großen bekannt: Ammon, der göttliche Vater Alexanders, soll sich in der Nacht vor der Hochzeit der Braut in Schlangengestalt genähert und Alexander gezeugt haben.[86] Der Begriff der Jungfrau hatte damals nicht die einengende Bedeutung, die ihm durch die Kirchengeschichte zugekommen ist. Jungfrau bedeutete von der Tradition her Erneuerung, Beginn einer neuen Schöpfung oder Umwandlung. Von einer Jungfrau geboren zu sein, bedeutete, ein besonderer Mensch mit einer besonderen Aufgabe zu sein. Um dies zu betonen, sprach man großen Männern nicht selten eine Geburt von Jungfrauen zu und oft genug auch eine Zeugung durch Götter. Dies legte ihnen von Anfang an eine mythische Überhöhung in die Wiege. Der Jungfrauenbegriff der Antike ist also nicht im medizinisch-gynäkologischen Sinne zu verstehen, sondern bedient sich vielmehr dieser Geburtsmythen.

Noch zur Zeitenwende und übergangsweise einige Jahrhunderte danach verehrte man in Ephesos die jungfräuliche Göttin Artemis, die

[86] vgl. Christiane M. Koch, Maria. Erdentochter, Himmelsfrau, Freiburg, 2012, S. 46.

in der römischen Kultur den Namen Diana trug. Es ist eine denkwürdige Signatur, dass auch der Festtag der Artemis/Diana in Ephesos am 15. August begangen wurde – derselbe Tag, der dann später als der Tag der Entschlafung Mariens festgelegt wurde und an dem heute Mariae Himmelfahrt gefeiert wird.

Im Laufe der Zeit aber hat sich der Begriff „Jungfrau" verändert und verselbständigt. Das Thema der Jungfräulichkeit im Sinne von Sündenlosigkeit wurde für die Kirchenführer erneut aktuell. Zwanzig Jahre nach dem turbulenten Konzil von Ephesos, nämlich im Todesjahr des Nestorius, dem Jahr 451, hatten sich die Kirchenoberhäupter wiederum getroffen, diesmal in Chalcedon, also in der Nähe der *Hagia Sophia* von Konstantinopel.[87] Hier hatten sie die immerwährende jungfräuliche Eigenschaft der Maria – *„aei parthenos"* – beschlossen. Vor allem aber ging es in diesem vierten ökumenischen Konzil darum, festzuhalten, dass Maria selbst bereits bei ihrer Zeugung durch ihre Eltern Anna und Joachim von der Erbsünde frei gewesen sei, gewissermaßen ausgespart. Schon Marias Mutter Anna hatte ihr Kind also unbefleckt empfangen. Wieder werden wir nach Ephesos zurückgeführt. Die hethitische Kultur überliefert dort *Inanna,* deren Wurzeln in Sumer liegen, als den ältesten bekannten Namen für die *‚Große Mutter'*, die genau genommen bereits lange vor der hethitischen Zeit in Ephesos verehrt wurde. Ein bedeutendes Heiligtum aus dieser Vorzeit hat man ganz oben am Ayasoluk-Hügel entdeckt, dem Hügel der Johannesbasilika, zu dessen Füßen sich das als Weltwunder gefeierte Artemision aus der Antike befand, wo sich einst ganze Völkerschaften zur Verehrung der Großen Mutter Artemis versammelten.[88] Die *‚Große Mutter'* war die mit Scheu verehr-

---

87 Dieser Ort heißt heute Kadiköy und ist ein Stadtteil auf der asiatischen Seite von Istanbul, also jenseits des Bosporus, geworden. Die antike Stadt Chalcedon wurde zum unbedeutenden Vorort.

88 Besagte Höhlen befinden sich am Fuß der byzantinischen Burg auf dem Ayasoluk. Sie sind nicht zugänglich. Archäologische Zeugnisse sind im Archäologischen Museum von Selcuk/Ephesos ausgestellt und erklärt, zwei Räume sind diesem Thema gewidmet.

te weibliche Gottheit, in deren Schoß das Mysterium der Geburt verborgen lag. Sie war die immerfort sterbende und neu erblühende Natur, Hervorbringerin und Herrscherin von Quellen, Flüssen, Bergen und Meer, der Erde und all ihrer Früchte. Sie war Jungfrau und Mutter Natur zugleich und hatte so bereits über viele Jahrtausende hinweg als Muttergöttin den Weg für die neue Gottesmutter des Christentums vorbereitet.

Im Osten hat sich die Idee von der unbefleckten Empfängnis Marias schon aus der kulturellen Tradition heraus lange gehalten, während man sich im Westen damit schwer tat, nicht zuletzt durch den starken Einfluss des Augustinus und des Ambrosius, die jeden Menschen als sündig betrachteten, denn alle Menschen stammten ja von Adam und Eva ab. Über viele Jahrhunderte hinweg haben sich die Theologen an diesen Fragen abgearbeitet und schließlich Marias Befreiung aus der Erbschuld in ihr frühestes Dasein im Mutterschoß verlegt. Um 1300 befand der scharfsinnige Franziskaner Duns Scotus (um 1266-1308) aus Köln, Maria sei ebenso erlösungsbedürftig gewesen wie alle Kinder Evas. Und sie sei wie alle Menschen durch Christi Tod erlöst, allerdings sei sie durch Christi Tod bereits im Voraus vor der Erbsünde bewahrt, und zwar schon vom Augenblick, da sie empfangen wurde. Dieses Ergebnis ließ eigentlich keine weiteren Denkmöglichkeiten mehr zu. Lange blieb die Problematik virulent, die Folge konnte nur ein neues Dogma sein: 1854 wurde durch Papst Pius IX verkündet, dass Maria hinsichtlich der Erlösung durch Christus von der Erbsünde bewahrt war. Eine ergänzende Interpretation erfolgte 1969/70 durch das Zweite Vatikanische Konzil.[89]

Denkmäler für die neue Gottesmutter

Ähnlich wie in Ephesos die ‚Große Mutter' durch die Verehrung der Mutter Maria abgelöst wurde, geschah es bald im ganzen Reich. Schon in der Zeit des Konzils von Ephesos ließ Papst Sixtus III auf dem Esquilin in Rom, an der Stelle eines alten Kybele-Tempels, eine

[89] Fischer, S. 30.

Basilika für Maria bauen: *Santa Maria Maggiore*. Hier wird Maria zum ersten Mal in voller Majestät über dem Triumphbogen dargestellt. Unter einem Mosaik am Chorbogen ließ Sixtus III die bedeutsame Inschrift anbringen: *Christus hat in Ephesos gesiegt.*[90] Allerhand Mythen ranken sich um diese Kirche.[91] Weitere Kirchenbauten zur Verehrung der Maria als Himmelsherrscherin folgen: *San Apollinare Nuovo* in Ravenna, um 500 vom Ostgotenkönig Theoderich gestiftet, und *Santa Maria Trastevere* in Rom. Auch für *San Giovanni in Lateran* in Rom wird ein großes Bild der Himmelskönigin geschaffen, hier als Herrscherin über die Päpste. Zu den ältesten Marienkirchen in Rom gehört auch *Santa Maria Antiqua*, die in einen Augustustempel hineingebaut wurde und mit römisch-byzantinischen Fresken ausgestattet war. *Santa Maria Aracoeli* auf dem Kapitol wurde nach einer Sage an derselben Stelle gebaut, wo einst die Sibylle von Cumae dem Kaiser Augustus die Geburt Jesu ankündigte, und wo einst die phönizische Göttin Tanit ihren Tempel hatte. *Santa Maria Sopra Minerva* wurde auf einem alten Tempel der Minerva, der jungfräulichen Tochter des Zeus, errichtet.

Jede größere Stadt des Byzantinischen Reiches baute bald eine Kirche zur Huldigung Marias. Oftmals entstanden sie dort, wo es früher schon Tempel für weibliche Gottheiten gab. In Soisson/Frankreich wurde ein ehemaliger Isis-Tempel noch im fünften Jahrhundert der Maria geweiht. In Athen, in Syrakus und an vielen anderen Orten wurden bedeutende alte Kultstätten der „neuen" Jungfrau umgewidmet. In Zypern hat man gar einen Aphrodite-Schrein in ein Marienheiligtum umgewandelt, wo Maria bis heute als *„Panaghia Aphroditessa"* verehrt wird. In der Lagune von Venedig wird bereits 637-639 eine Kirche eigens zu Mariae Himmelfahrt erbaut: *Santa Maria Assunta* auf der Insel Torcello, die um 1100 ein großartiges Kup-

---

[90] Hella Krause-Zimmer hat entdeckt, dass in Santa Maria Maggiore Spuren der Existenz zweier Marien vorhanden sind und hat dies ausführlich und zugleich behutsam untersucht, ohne jedoch zu einer Lösung zu kommen. Hella Krause-Zimmer, Die zwei Jesusknaben, S. 230-237.

[91] Roberta Vicchi, Die Patriarchalbasiliken Roms, Florenz, 2003.

pelmosaik der Maria erhält: auf einem weiten Goldgrund steht und schwebt zugleich Maria nach byzantinischer Art als aufrecht stehende Gestalt mit dem segnenden Christus auf dem Arm. [92] Torcello war damals Bischofsitz, Venedig dämmerte noch in Bedeutungslosigkeit.

Maria – die reine Seele…

Wieder wandelt sich das Bild der Maria, denn das Bewusstsein der Menschen verändert sich. Ein neuer Impuls zum Bau von Marienkirchen realisiert sich im Frankreich des 12. Jahrhunderts. Es ist dies die Zeit des Städtebaus, die aus einer nun veränderten Seelenstimmung der Menschen entsteht. Kirchen werden nicht mehr in der Einsamkeit abgelegener Gegenden errichtet, sondern dort, wo sie inmitten der Menschen gewissermaßen als Brennpunkte des Seelischen eine neuartige Aufgabe erhalten. Das erwachende Persönlichkeitsbewusstsein lebt sich in immer stärkeren seelischen Differenzierungen aus, was durchaus als Bedrohung erlebt werden konnte. Haltlosigkeit tritt zunehmend in allen gesellschaftlichen Gruppen auf. Als Gegengewicht, gewissermaßen als Korrektiv, bedarf es des Erlebens der reinen Seele. Die Kirche bietet hier eine Antwort: Die Verkörperung der reinen Seele, das ist die Jungfrau Maria, die den Menschen über das Persönliche hinaus in die Sphäre des Göttlichen zu führen in der Lage ist. Deshalb muss die gotische Kathedrale ihren Namen tragen: *Notre-Dame – Unsere liebe Frau.*

Wenn jetzt an Maria gedacht wird, tritt das Bild der reinen Magd, die in Ergebenheit das Engelwort aufnimmt, zurück, um einer anderen Vorstellung Platz zu schaffen. Die reine Seele findet ihren Ausdruck in Schönheit, in würdevollem Glanz, in himmlischer Vollkommenheit. Die Krönung der Maria wird hier wichtiges Motiv, für das neue künstlerische Formen gefunden werden müssen. Abt Suger von Saint Denis bei Paris lässt für die Kathedrale Notre-Dame in Paris, mit

---

[92] Die Datierung ist unklar. Manche Forscher geben allein für die Darstellung der Maria 1230 an. Vgl. Antonio Niero, Die Basilika von Torcello und Santa Fosca, Venezia, o. J., Neuauflage 2012, S. 6; S. 16-20.

deren Bau 1163 begonnen wurde, erstmals ein Glasfenster mit einer gekrönten Maria schaffen.[93] Auch für seine eigene Kirche in Saint Denis, die zugleich die Grablege für die Könige Frankreichs war, lässt er ein Glasfenster mit einer Marienkrönung herstellen. Hier beginnt, was in Chartres zur Vollendung geführt werden wird und sich von dort weiter verbreiten wird.

Ein wesentlicher Aspekt der großen Marienkirchen ist, dass in ihnen Tradition, Theologie, Liturgie und Volksfrömmigkeit verschmelzen. Maria ist zugleich Gottesmutter und Himmelskönigin. Sie ist auch Magd und Dienerin. Sie schützt und hilft den Gläubigen – nicht zuletzt durch Wundertaten. Als Schmerzensmutter vermag sie zu trösten. Für den gläubigen Menschen ist sie Fürsprecherin vor Gott, und damit ist sie ins Zentrum des Gebets gerückt. Maria weist den Weg zu Gott, sie ist Mittlerin zwischen Himmel und Erde. Im Hebräischen heißt Eva ‚Chawwa' und bedeutet „Leben", denn Eva ist die Mutter allen Lebens. Aber Eva war sündig geworden. Maria ihrerseits hat in ihrem Gehorsam den Ungehorsam der Eva gesühnt und überwunden und wird deshalb als Mutter des neuen Lebens gesehen. Damit wird sie, wie Irenäus es formuliert, „Ursache des Heils"[94] oder, wie Jakob von Bathae schreibt, „Maria hat die Ordnung wieder hergestellt, die Eva zerstört hatte."[95] Vom Thron ihres Sohnes könne sie beim himmlischen Vater unausgesetzt Fürsprache für ihre gläubigen Verehrer einlegen, davon ist man überzeugt.

Maria – die Himmelskönigin…

Maria ist noch mehr, denn Maria ist Sophia, indem sie die Weisheit der Schöpfung verkörpert. „*Die Weisheit hat ihr Haus gebaut…*", so hat es der weise König Salomo besungen. Als Haus Gottes wird die Kirche betrachtet und so ist Maria als *theotokos*, als Gottesgebärerin

---

[93] Es ist im 18. Jahrhunderts zerstört worden.

[94] zit. n. G. Söll, S. 139.

[95] zit. n. G. Söll, S. 140.

zum Sinnbild der *ecclesia,* der Kirche, geworden. Maria ist gar die verkörperte *ecclesia*, die nach Paulus, von Christus auf Erden zurückgelassene Kirche – und damit verkörpert sie auch den gotischen Kirchenbau selbst.

Die thronenden Madonnen der byzantinischen Kunst und auch die der romanischen Zeit erscheinen hoheitsvoll, statisch und gewissermaßen objektiv. Im Kultbild dieser Epochen ist Maria dem Menschen auf platonische Art fern. Tatsächlich liegt in diesen Bildern die Aufgabe, zu den hinter ihnen liegenden geistigen Ideen zu finden. Dies ändert sich in der Gotik. Das Kultbild wird zum Andachtsbild. Der Gläubige soll nun zur inneren Zwiesprache mit Maria kommen, er soll in seiner neu gewonnenen differenzierten Innerlichkeit eine Herzensbeziehung zu ihr aufbauen und pflegen. Die Seele des Menschen war noch bildsam genug und konnte durch die Wirkung von Bildern geprägt werden. Dies war eine besondere Art von Erziehung. Im inneren Miterleben der Freuden und Leiden Mariens wurde die Seele ergriffen und geläutert, Bußübungen taten sodann ein Übriges. Die neuen seelischen Fähigkeiten lassen die Gotik völlig neue Bildelemente entwickeln, wie die *„Sieben Schmerzen und sieben Freuden Mariens"*, die *„Pieta"*, die *„Schmerzensreiche Muttergottes"*, insbesondere aber das dreistufige Motiv des *„Marientodes – Himmelfahrt Mariae – Krönung Mariae"*. Ab der zweiten Hälfte des 12. Jahrhunderts findet sich dieses Thema von der Aufnahme Mariens in den Himmel an vielen gotischen Kirchenportalen dargestellt, so auch in Chartres. Dort befindet sich eine solche Szene im nach 1204 geschaffenen Skulpturenwerk des mittleren Nordportals, also von außen sichtbar. Ein weiteres Mal erscheint das Motiv dann als groß angelegtes Fensterthema im Langhaus der Kathedrale. In der Glasmalerei ist, nach dem Glasfenster von Angers, dieses Chartreser Fenster die älteste erhaltene Darstellung der Marienkrönung. Wiederum haben wir also in Chartres einen Impuls zu einem Neuanfang. Dies gilt ebenso für die formale Seite der Kunstentwicklung als auch für die inhaltliche Seite des imaginierten Bildes, das sich an die Seele des gläubigen Betrachters richtet. In diesem vierten Fenster des südlichen Langhauses ist der Pilger als Gottsucher, nachdem ihm sein Pilgersein im Gleichnis des Barmherzigen Samariters gespiegelt wurde, aufgefordert, auf dem Weg zur Weisheit, zur Erkenntnis der Sophia, voranzuschreiten, denn Maria wird nun – ohne dass dies laut ausgesprochen wird – als Sophia aufgefasst.

Das Fenster vom Marientod und Mariae Aufnahme in den Himmel im *sensus litteralis*

Marientod und Aufnahme in den Himmel

Um den Tod der Mutter Gottes haben sich viele unterschiedliche Legenden gebildet, die häufig Eingang in Liturgie und kirchliche Lehrmeinung gefunden haben. Zahlreiche legendenhafte Einzelheiten und Wundergeschichten umranken die Himmelfahrt der Jungfrau. Am bedeutsamsten ist der Text, der Meliton, Bischof von Sardes, zugeschrieben wird und im vierten oder fünften Jahrhundert verfasst wurde. Dieser Text, der *Transitus Mariae*, ist in den verbreiteten Sammlungen der Apokryphen nicht enthalten.[96] Es handelt sich um einen außergewöhnlich umfangreichen Text, der in unverkennbar frommer Absicht die eigentliche Legende mit reichem Schmuck in Anspielung auf den Tod Christi sowie weitläufigen persönlichen theologischen Kommentaren ausstattet. Wir geben daher den Text gekürzt wieder.

Das Buch vom Heimgange der allerseligsten Jungfrau, der Mutter Gottes, das dem heiligen Meliton, dem Bischof von Sardes in Lydien zugeschrieben wird.

(...) Und als die Apostel das Los gezogen hatten, in welche Gegenden sie ziehen sollten, um die Lehre zu verkünden, blieb Maria im Hause seiner [des Johannes] Eltern nahe dem Ölberge.

III. Im 22. Jahre, nachdem Jesus Christus den Tod besiegt und gegen Himmel gefahren war, weilte Maria eines Tages, von dem Wunsche entflammt, den Erlöser wiederzusehen, an einem entlegenen Ort ihres

---

[96] Verschiedene Fassungen finden sich bei Tischendorf, Apocalypses Apocryphae, Leipzig, 1866. Die hier zitierte Fassung ist eine Übersetzung einer lateinischen Bearbeitung, die zuerst in französischer Sprache erschienen ist und durch Henri Daniel-Rops ins Deutsche übertragen wurde. Henri Daniel-Rops (Hrsg.), Die apokryphen Evangelien des Neuen Testamentes, Zürich, 1956.

Hauses und weinte; siehe da erschien ihr ein Engel in strahlendem Lichte, begrüßte sie und sprach:

„Ich grüße dich, vom Herren Gebenedeite; empfange den Gruß dessen, der Jacob seinen Gruß durch die Propheten entbot; siehe, ich bringe dir einen Palmenzweig aus Gottes Paradies; lasse ihn vor deinem Sarge hertragen, wenn du in drei Tagen in deinem Leibe in den Himmel entrückt sein wirst. Denn dein Sohn erwartet dich mit den Thronen und mit den Engeln und mit allen Mächten des Himmels."

Da sprach Maria zum Engel: „Ich bitte dich, dass sich alle Apostel meines Herrn Jesus Christus um mich versammeln."

Der Engel antwortete ihr: „Alle Apostel werden durch die Macht Jesu Christi heute hierher gebracht werden." Maria sprach: „Ich bitte dich, spende mir deinen Segen, damit keine Macht der Hölle mich angreife in der Stunde, in der meine Seele den Leib verlässt, und damit ich den Fürsten der Finsternis nicht erblicke."

Und der Engel erwiderte: „Die Macht der Hölle wird dir nichts anhaben, und der Herr, dessen Diener und Abgesandter ich bin, wird dir den ewigen Segen erteilen; es ist mir nicht verliehen zu bewirken, dass du den Fürsten der Finsternis nicht erblickest; das steht in der Gewalt dessen, den du in deinem heiligen Schoße getragen hast, und dessen Macht sich erstreckt von Ewigkeit zu Ewigkeit."

Und als der Engel diese Worte gesprochen hatte, entfernte er sich, von einem großen Lichte umgeben, und der Palmenzweig, den er gebracht hatte, strahlte in wunderbarem Glanze.

Da tat Maria neue Kleider an, ergriff den Palmenzweig, den sie aus der Hand des Engels empfangen hatte; dann begab sie sich zum Ölberg, um dort zu beten.

(…) IV. Als nun der hochselige Johannes am Tage des Herrn in Ephe-

sus predigte, siehe da geschah ein großes Erdbeben, und eine Wolke entführte ihn vor aller Augen; die trug ihn vor die Tür des Hauses, in dem sich die Jungfrau Maria, die Mutter Gottes befand. Da öffnete er die Tür und trat sogleich ein.

Als ihn die hochselige Jungfrau erblickte, sprach sie voller Freude: „Ich bitte dich, Johannes mein Sohn, gedenke der Worte des Herrn Jesus Christus, deines Meisters, der mich deiner Obhut anvertraut hat; in drei Tagen soll ich diesen Leib verlassen, und ich vernahm, wie die Juden Rat hielten und sagten: „Warten wir auf den Tag, an dem das Weib, das jenen Betrüger im Schoß trug, sterben wird; dann wollen wir ihren Leib verbrennen!"

Sie rief also den heiligen Apostel Johannes und führte ihn an den entlegensten Ort ihres Hauses; dort zeigte sie ihm die für ihr Begräbnis bestimmten Gewänder und den leuchtenden Palmenzweig, den sie vom Engel empfangen hatte, und riet ihm, er solle diesen Zweig vor ihrem Sarg tragen lassen, bis man sie an ihre Grabstätte gebracht hätte.

V. Der hochselige Johannes erwiderte der allerheiligsten Jungfrau: „Wie könnte ich allein dein Begräbnis vorbereiten, wenn meine Brüder, die Jünger Jesu Christi und meine Gefährten, die Apostel, nicht herbeikämen, um deinem Leibe die Ehre zu erweisen?"

Da wurden auf einmal auf Gottes Geheiß alle Apostel durch eine Wolke von den Orten fortgetragen, wo sie das Wort Gottes verkündeten, und vor der Tür des Hauses niedergesetzt, wo Maria, die Mutter des Erlösers, wohnte; voller Verwunderung grüßten sie sich und sprachen: „Warum hat uns der Herr denn alle an diesem Orte versammelt?"

Auch Paulus war gekommen, den der Herr unter den Juden erwählt hatte, damit er das Evangelium den Heiden verkünde. Und während zwischen ihnen ein frommer Streit darüber entbrannt [war], wer von ihnen als erster zum Herrn beten sollte, damit ihnen die Ursache die-

ses Geschehens offenbar würde, und Petrus den Paulus bat, als erster zu beten, erwiderte Paulus: „Gebührt nicht dir diese Pflicht, da du ja von Gott auserwählt wurdest, um die Säule der Kirche zu sein und du allen anderen Apostel vorstehst? Ich bin nur der geringste unter euch, und ich kann nicht beanspruchen, euch gleich zu sein; doch durch Gottes Gnade bin ich, was ich bin."

VI. Alle Apostel waren erbaut über die Demut des Paulus und begannen sodann zum Herrn zu beten. Als sie geendet und „Amen" gesagt hatten, trat der Apostel Johannes zu ihnen und verkündete ihnen den Willen des Herrn.

Sie betraten das Haus, wo sich Maria, die Mutter unseres Herrn, befand, grüßten sie und sprachen: „Der Herr segne dich, der Himmel und Erde erschaffen hat!" Und sie antwortete: „Der Himmel sei mit euch, Brüder, vom Herrn Auserwählte!" Dann fragte sie sie: „Wie seid ihr hierher gekommen?" Sie erzählten ihr, dass ein jeder von ihnen durch eine Wolke emporgehoben und zu ihr getragen wurde.

Sie sprach: „Der Herr hat euch hierher geführt, um mich in den Ängsten zu trösten, die mich treffen sollen. Ich bitte euch alle, unablässig mit mir zu wachen bis zu der Stunde, wo der Herr erscheint und ich diesen Leib verlassen werde."

VII. Sie setzten sich und trösteten sie und verbrachten drei Tage mit dem Lobpreis Gottes; am dritten Tage aber kam der Schlaf über alle im Haus, und keiner vermochte wach zu bleiben, außer den Aposteln und drei Jungfrauen, den Gefährtinnen der hochheiligen Jungfrau.

Und siehe, auf einmal erschien der Herr Jesus mit einer großen Schar von Engeln in strahlendem Glanze, und die Engel sangen Lobgesänge und priesen den Herrn. Und der Herr sprach: „Komme, du Auserwählte, kostbarste Perle, tritt ein in die Wohnung des ewigen Lebens."

VIII. Da warf sich Maria zu Boden und betete zum Herrn: „Gelobt sei der Name deiner Herrlichkeit, oh Herr, mein Gott, der du geruhtest, deine demütige Magd auszuwählen und mir das Geheimnis deines Mysteriums anzuvertrauen. Gedenke meiner, König der Herrlichkeit. Du weißt, dass ich dich von ganzem Herzen liebte und den Schatz bewahrte, den du mir anvertrautest. Empfange deine Magd, oh Herr, und erlöse mich von der Macht der Finsternis, damit Satan mich nicht angreift und ich nicht die furchtbaren Geister um mich sehe!"

Der Heiland erwiderte: „Als ich von meinem Vater zum Erlöser der Welt entsandt wurde und am Kreuz hing, kam der Fürst der Finsternis auf mich zu; aber da er keine Spur seines Herzens entdecken konnte, zog er sich überwunden und verachtet zurück. Ich habe ihn gesehen, und du wirst ihn sehen, wie es das allgemeine Gesetz des Menschengeschlechts verlangt, dem du dich im Sterben unterwirfst, aber er wird dir nicht schaden können, weil nichts von dem in dir ist, was er in sich hat, und ich bei dir bin, um dich zu behüten. Komme daher in Frieden, denn die himmlischen Heerscharen erwarten dich, damit ich dich einführe in die Freuden des Paradiesers."

Und als der Herr diese Worte gesprochen hatte, erhob sich die Jungfrau, streckte sich auf ihr Bett und gab ihren Geist auf, indem sie Gott Dank sagte. Da sahen die Apostel einen solchen Glanz, wie ihn keine menschliche Zunge zu schildern vermag, denn er übertraf die Weiße des Schnees und die Helle des Silbers.

IX. Und der Erlöser der Welt sprach: „Erhebe dich, Petrus, mit den anderen Aposteln, nehmt den Leib meiner viel geliebten Maria und tragt ihn zur rechten Seite der Stadt gen Osten, dort werdet ihr ein neues Grab finden; legt ihn dort nieder und wartet, bis ich zu euch komme."

Als der Herr diese Worte gesprochen hatte, übergab er die Seele seiner hochheiligen Mutter Maria dem Erzengel Michael, der der Hüter des Paradieses und Fürst des hebräischen Volkes ist, und zugleich mit ihm dem Erzengel Gabriel; dann kehrte der Herr mit den anderen Engeln in den Himmel zurück.

X. Die drei jungen Frauen, die sich dort befanden, nahmen den Leib Marias und wuschen ihn, wie das allgemeiner Brauch bei den Begräbnissen ist. Und als sie ihn entkleidet hatten, erstrahlte dieser heilige Leib in solchem Glanze, dass man ihn nur durch Gottes Güte berühren konnte; er war völlig rein und ganz ohne Makel.

Und als er wieder in gewöhnliche Leinentücher und Stoffe gehüllt wurde, verschwand dieser Glanz allmählich. Und das Gesicht der hochseligen Maria, der Mutter Gottes, glich einer Lilie; ihr Leib aber strömte einen Duft aus von so wunderbarer Lieblichkeit, wie man nirgends dergleichen findet.

XI. Die Apostel legten den heiligen Leib in den Sarg und sprachen zueinander: „Wer soll denn den Palmenzweig dem Sarge vorantragen?“

Da sagte Johannes zu Petrus: „Der du als Apostel über uns stehst, dir kommt es auch zu, diesen Palmenzweig zu tragen.“

Petrus erwiderte: „Du bist der einzige unter uns, der unberührt geblieben ist, und du hast solche Gnade beim Herrn gefunden, dass du an seiner Brust ruhtest. Überdies hat er dir, als er am Kreuze hing, seine Mutter anvertraut. So musst du den Palmenzweig halten; ich aber werde den heiligen und ehrwürdigen Leib bis zum Grabe tragen.“ Und Paulus sprach: ich bin von euch allen der Jüngste, ich werde ihn mit dir tragen.“

Als sie sich derart einig waren, hob Petrus den Sarg auf sein Haupt und begann die Worte zu singen: „Als Israel auszog aus Ägypten“, und Paulus half Petrus, den heiligen Leib zu tragen, und Johannes schritt voraus mit dem leuchtenden Palmenzweig, und die anderen Apostel sangen mit sehr wohllautender Stimme.

XII. Und siehe, da geschah ein weiteres Wunder. Denn ein großer Wolkenkranz erschien über dem Sarge, dem großen Ringe gleich, der den Glanz des Mondes zu umgeben pflegt. Und die himmlischen Heerscharen waren in den Wolken und sangen Hymnen und die Erde hallte wieder von den Klängen einer köstlichen Harmonie.

Und das Volk, an die fünfzehntausend an der Zahl, kam aus der Stadt und sprach: „Was bedeuten diese Wohlklänge?" Und einer aus der Menge sprach zu den anderen: „Maria, die Mutter Jesu hat ihren Leib verlassen, und die Jünger Jesu sind bei ihr und preisen Gott in Lobgesängen." Und sie erblickten die Apostel, wie sie singend den Sarg mit sich führten.

Da geriet einer von ihnen, der der Hohepriester der Juden war, in Zorn und sprach: „Seht doch, welche Ehren der Mutter jenes Menschen zuteil werden, der in eurem Volke solche Unruhe angerichtet hat!" Und er trat an den Sarg heran und wollte ihn umstürzen.

Alsbald aber vertrockneten seine Arme vom Ellbogen an und blieben am Sarg haften, während er schreckliche Schmerzen erlitt; derweil zogen die Apostel weiter und sangen: „Die Engel in der Wolke haben das Volk mit Blindheit geschlagen."

XIII. Und er schrie auf und sprach: „Ich flehe dich an, Petrus, dich, den Gott lieb hat, verlass mich nicht in so großer Not, denn ich verspüre furchtbare Qualen. Gedenke daran, dass ich dich verteidigte und ein gutes Wort für dich einlegte, als die Magd dich im Gericht erkannte und andere dich beschuldigten."

Petrus antwortete: „Es steht nicht in meiner Macht, dir zu helfen, aber wenn du aus ganzem Herzen an den Herrn Jesus Christus glaubst, Ihn, den die Jungfrau, die du zu schmähen gedachtest, in ihrem heiligen Schoß trug, worauf sie nach seiner Geburt unberührt blieb, so wird Gott dich heilen; errettet er doch in seiner großen Güte auch die, die ihrer nicht würdig sind."

Und der jüdische Priester antwortete: „Der Feind des Menschengeschlechtes verblendete unser Herz, damit wir nicht die Größe Gottes erkennen; er verleitete uns, Christus zu lästern durch den Ruf: „Dein Blut komme über uns und unsere Kinder!"

Petrus sprach: „Die Lästerung wird nur denen schaden, die im Unglauben verharren. Gottes Barmherzigkeit versagt sich denen nicht, die sich zu ihm bekehren."

Und der Priester antwortete: „Ich glaube alles, was du sagst, doch erbarme dich meiner, damit ich nicht sterbe."

XIV. Da ließ Petrus den Sarg anhalten; dann sprach er zum Priester: „Wenn du aus ganzem Herzen an den Herrn Jesus Christus glaubst, so mögen deine Hände wieder frei werden." Und als der Priester „ich glaube" gesagt hatte, lösten sich alsbald seine Hände vom Sarge, aber seine Arme blieben gelähmt, und seine Schmerzen hatten nicht nachgelassen.

Und Petrus sprach zu ihm: „Tritt heran, küsse den Sarg und sprich: ‚Ich glaube an Gott und an den Sohn Gottes, Jesus Christus, den Maria in ihrem Schoß getragen hat, und ich glaube an alles, was Petrus, der Apostel Gottes mir gesagt hat.'"

Da trat der Priester heran und küsste den Sarg; alsdann spürte er keine Schmerzen mehr und seine Arme waren geheilt. Und er begann Gott inbrünstig zu danken und zu loben und nach den Büchern Moses Zeugnis für Jesus Christus abzulegen, so dass die Apostel darob erstaunten und mit freudigen Tränen den Namen des Herrn priesen.

XV. Und Petrus sprach zu ihm: „Empfange den Palmenzweig aus den Händen unseres Bruders Johannes und kehre in die Stadt zurück, wo du eine große, mit Blindheit geschlagene Menge finden wirst; verkünde ihr das Wort Christi und berühre allen, die glauben, die Augen mit diesem Palmenzweig; so werden sie wieder sehend werden. Die Ungläubigen aber werden blind bleiben."

(...) XVI. Die Apostel trugen den Leichnam Marias und kamen in das Tal Josaphat, das der Herr ihnen bezeichnet hatte. Und sie legten ihn in eine neue Grabstätte und verschlossen sie; dann setzten sie sich davor, wie Gott ihnen geheißen hatte.

Und siehe, auf einmal erschien der Herr Jesus mit einem zahllosen Heere von Engeln; die leuchteten in großem Glanze. Er sprach zu den Aposteln: „Der Herr sei mit euch." Und sie antworteten: „Herr, deine Barmherzigkeit breite sich über uns, die wir auf dich gehofft haben."

Da sprach der Herr zu ihnen: „Bevor ich auffuhr zu meinem Vater, habe ich euch verheißen, euch, die ihr mir gefolgt seid, dass ihr auf den 12 Thronen sitzen und über die 12 Stämme Israels richten werdet, sobald des Menschen Sohn den Sitz seiner Herrlichkeit eingenommen hat. Meines Vaters Gebot hat Maria auserwählt unter den Stämmen Israels, dass ich in ihr wohne; was wollt ihr also, dass mit ihr geschehen soll?"

Und Petrus und die anderen Apostel sprachen: „Herr, deine makellose Magd hast du als deine Wohnung auserwählt, und uns, deine Diener, hast Du auserwählt, um dein Wort zu verkünden. Vor Anbeginn der Zeit hast du alles mit dem Vater und dem Heiligen Geiste geordnet; mit ihnen ist dir die gleiche, einzige Gottheit eigen und eine unbegrenzte Macht. Deinen Dienern dünkt es gerecht, dass du so wie du selbst nach Besiegung des Todes im Himmel herrschest, auch den Leib Marias auferweckst und sie, die Freudenvolle, in den Himmel führst."

XVII. Da sprach der Erlöser: „Es geschehe nach euren Worten." Und er gebot dem Erzengel Michael, die heilige Seele Marias zu bringen. Und alsbald entfernte der Erzengel Gabriel den Stein, der das Grabmal verschloss, und der Herr sprach: „Erhebe dich, meine Freundin. Du hast nicht den Mann berührt und so die Verderbnis gekostet; daher wirst Du auch nicht die Verwesung des Leibes im Grabe erleiden."

Und alsbald erhob sich Maria und pries den Herren; dann fiel sie ihm zu Füßen, betete ihn an und sprach: „Ich kann dir nicht so Dank sagen, oh Herr, wie es die Wohltaten verlangen würden, die du deiner Magd zu erweisen geruhst. Erlöser der Welt, Gott Israels, dein Name sei gepriesen in Ewigkeit.“

XVIII. Da küsste sie der Herr und übergab sie den Händen der Engel, damit sie Maria ins Paradies trügen.

Und er sprach zu den Aposteln: „Kommt zu mir!“ Und als sie herangekommen waren, küsste er sie und sprach: „Der Friede sei mit euch, immer werde ich bei euch sein, bis an der Welt Ende.“

Nach diesen Worten fuhr der Herr in einer Wolke wieder gen Himmel; die Engel aber begleiteten ihn und trugen die hochselige Maria, die Mutter Gottes, in Gottes Paradies.

Und die Apostel wurden durch Wolken zurückgebracht, ein jeder an den Ort, wo er das Evangelium gepredigt, die Größe Gottes verkündet und Unseren Herrn Jesus gepriesen hatte. (…)

Solcherart Darstellungen sind ein großes Thema für das gesamte 13. Jahrhundert, in welchem sich die Marienverehrung rasch entwickelt. Maria wird in weiten Kreisen der mittelalterlichen Gesellschaft zur Sehnsuchtsgestalt schlechthin, und so sind ihr die meisten der gotischen Kathedralen gewidmet. Man kann es auch umgekehrt formulieren: Die Idealisierung des Weiblichen findet ihr religiöses Bild in der Idealisierung der Maria. Es verwundert daher kaum, wenn das erste Marienfenster von Chartres nicht ihr Leben auf der Erde erzählt, sondern ihren Tod und ihre Aufnahme in den Himmel. Nimmt man die Anordnung der Fenster ernst, so zeigt sich hier, dass Marias Wesen nicht etwa chronologisch, sondern gewissermaßen von oben, von der geistigen Warte aus, betrachtet wird.

* * *

Das Mariae-Himmelfahrt-Fenster befindet sich im vierten Joch im südlichen Langhaus, also links neben dem Pilger-Samariter-Fenster. Es ist das vierte Fenster innerhalb des Fensterzyklus, der einen inneren Weg zum Altar als Ort der Wandlung, der Eucharistie beschreitet. Innerhalb der südlichen Langhausreihe liegt es in der Mitte – auf der Höhe des Labyrinthes.

Hält im ersten Fenster, dem Johannes-Fenster, eine höchst komplizierte, fast dreidimensionale Struktur der Medaillons den Betrachter in einer atmenden Bewegung, was durch die lungenformähnlichen Halbkreismedaillons noch betont wird, so darf man beim Fenster der Maria Magdalena gewissermaßen aufatmen und still werden, so erscheint es zumindest beim ersten Eindruck. Drei große Kreismedaillons sind majestätisch übereinander angeordnet und von jeweils drei als Reihe erscheinenden kleinen Medaillons unterbrochen. Dem Grundton nach wirkt dieses Fenster ebenso blau wie das Johannes-Fenster, Blau als Farbe des Himmels.

Wie schon die beiden vorangegangenen Fenster hat auch das Pilger-Samariter-Fenster monumentalen Charakter. In seiner Gesamtheit wirkt auch jenes blau, ja, vielleicht noch blauer, obwohl blau und rot in ausgeglichener Harmonie zueinander stehen. Blau und Rot, die Farben für Himmel und Erde. Diesmal sind drei Vierpassmedaillons majestätisch übereinander angeordnet. Sie werden von Medaillonregistern unterbrochen, deren Gestalt dem der Vierpässe harmonisch angeglichen ist. Die Medaillons sind ausschließlich durch Rundbögen umgrenzt. Es gibt keine Ecken, nichts Scharfes, alles fließt. Dieser weiche Charakter wird im Mariae-Himmelfahrt-Fenster aufgegriffen.

Der erste Eindruck, der sich in diesem Marienfenster vermittelt, ist der von einem weiten Blau. Es strömt durch das Fenster hindurch und wirkt beruhigend auf den Betrachter. Nichts Majestätisches kommt dem Betrachter entgegen, vielmehr stille Harmonie, die eine seelische Weite entstehen lässt. Wer diese Stimmung auszuhalten vermag, wird in sich einen Raum schaffen, in dem sich die hohe Botschaft dieses Fensters aussprechen kann.

Viele einzelne Medaillons, die ungefähr gleich groß wirken, sind über das gesamte Fenster hinweg regelmäßig verteilt. Beim ersten Hinsehen scheinen es Kreismedaillons zu sein, doch in Wirklichkeit variieren sie das Kreisthema und machen den Kreis zum Hauptgestaltungsprinzip. Da alle Medaillons blau hinterlegt und außerdem blau eingefasst sind, wirkt das Blau so prägend für dieses Fenster.

Durch die klare thematische Gliederung würden wir ein ebenso klar strukturiertes Fenster erwarten, und genau diese Situation finden wir beim ersten Hinsehen auch vor. Eingefasst von einem einfachen mit Blattwerk durchsetzten Flechtband stellt sich das Fenster dar. Neun Register von jeweils drei Medaillons sind übereinander angeordnet. In der Mittelachse stehen vier Kreismedaillons im Wechsel mit vier sehr rund wirkenden Vierpassmedaillons, während sich seitlich dieselben Formen als Medaillonhälften anfügen. Innerhalb der Bordüre, die das Fenster umschließt, finden sich noch zwei weitere kleinere Medaillons als seitliche Eckfelder. Die Zwischenräume der Medaillons sind vollständig von geometrischem Pflanzenrankwerk vor rotem Grund ausgestaltet. Die Anordnung der Medaillons erscheint überschaubar, zumal sie im Gegensatz zu anderen Fenstern keine Binnenaufteilung aufweisen. Inhaltlich hingegen folgen die Medaillons einem komplizierten Weg, man kann sie nicht einfach von unten nach oben und von links nach rechts lesen. Ohne Plan lässt sich dieses Fenster überhaupt nicht entschlüsseln, somit ist der Plan selbst bereits das erste Geheimnis in diesem Fenster. Seine Entdeckung geschieht durch eine erste Gesamtbetrachtung, denn hat man erst einmal alle Medaillons in Augenschein genommen, so wird auch der Weg klar. Vier Stufen sind auf diesem Weg vorgegeben und prägen das Fenster in jeweils eigenen Themenkreisen. Die grundsätzliche Aufteilung des Fensters in einen unteren Bereich mit Stifterdarstellungen, einen mittleren Bereich mit dem dargestellten Thema und einen oberen Bereich für die Himmelswelt ist durchgehendes Gestaltungsprinzip.

Medaillon 1-5
Die Stifter

Überraschend viele Medaillons konnten die Stifter für sich selbst belegen. Auch dieses Fenster wurde wie das vorangegangene Pilger-Samariter-Fenster von den Schuhmachern gestiftet. Ausführlich zeigen sie sich bei ihrer Arbeit.

Medaillon 1

Ein grün gewandeter Kunde sitzt mit übereinander geschlagenen Beinen auf einer roten Bank mit hellrotem Sockel. Der Kunde, ein Mann im mittleren Lebensalter, hat sein Gewand etwas zurückgeschlagen und zeigt sein blau bestrumpftes Bein, denn er möchte einen Schuh anprobieren, den ihm der Schuster soeben bringt. Es ist ein knöchelhoher dunkelbrauner Schuh, dessen Vorzüge der Schuster zu preisen scheint. Der Kunde scheint zufrieden, er hält das Gegenstück, den anderen Schuh, bereits in der Hand.

Medaillon 2

In der Mitte des Medaillons sitzt auf einem grünen Schemel mit abgespreizten schlanken gelben Beinen ein in transparentem Rotbraun gekleideter Schuhmacher konzentriert bei der Arbeit an einem gelben Schuh. Vor ihm liegen auf einer niedrigen Arbeitsbank ausgebreitet zwei knöchelhohe braunrote Schuhe sowie ein Leisten, ein Holzmodell eines Fußes. Die Werkbank ist solide gebaut: massiver goldener Tischrahmen, grüne Arbeitsplatte, klobiges weißes und gelbes Tischbein. Hinter dem Schuhmacher befindet sich eine geöffnete Truhe, die auf gewölbten Beinen steht. In ihr sieht man wieder zwei hölzerne Leisten. Im Rücken des Schuhmachers hängt ein fertiges Paar grüner Stiefel. Die Werkstatt ist, wie schon im vorigen Medaillon, vollständig schmucklos. Der blaue Hintergrund verleiht ihr eine nüchtern-neutrale Atmosphäre.

Medaillon 3

Zwei Schuhmacher in den für Handwerker typischen kurzen Gewändern machen sich an einem Bündel von rohen Lederstücken zu schaffen. Die Farben ihrer Gewänder sind mit den Gewandfarben in Medaillon 1 – braun und grün – parallel gesetzt. Selbstverständlich tragen alle Schuster Schuhe.

Medaillon 4

Ein Schuhmacher bearbeitet ein Stück Leder auf seinem Schoß.

Medaillon 5

Ein Schuhmacher hockt ebenfalls auf einem niederen Schemel und arbeitet.

Die Geschichte von der Entschlafung Mariens und ihrer Krönung im Himmel ist in unterschiedlichen Traditionen überliefert. Chartres folgt, wie der Kanoniker Yves Delaporte[97] überliefert, in den wesentlichen Zügen dem apokryphen Brief des Hieronymus[98] und den Martyrologien des Usuard.[99] Inhaltlich decken sie sich mit dem noch ausführlicheren Bericht des Pseudo-Melito. Zur Matutin[100] von Festtagen sowie zur Oktave[101] wurden die entsprechenden Stellen in Chartres gelesen. Im Wechselgesang von An-

[97] Yves Delaporte, Les Vitraux de la Cathédrale de Chartres, Chartres, 1926, S. 173.

[98] Sancti Hieronymi Opera, V (1706), col. 82-95. Auch die Legenda Aurea bezieht sich in ihrer sehr stark ausgeschmückten und um zahlreiche kleinere Legenden erweiterten Darstellung der Himmelfahrt Mariens auf diesen Brief, in welchem u. a. von der leiblichen Himmelfahrt der Maria gesprochen wird.

[99] Lectionnaire: ms. 500, folio 146v.; Martyrolog(u)e: ms. 1033, folio 55v. zit. n. Delaporte, Les Vitraux de la Cathédrale de Chartres, p. 174.

[100] nächtliches Stundengebet

[101] Nachfeier der Hochfeste des Kirchenjahres mit Abschluss am 8. Tag

tiphon und Responsorium zu Mariae Himmelfahrt haben sie bis heute ihren festen Platz in der Liturgie. Genau diese gesprochenen Worte finden wir im Fenster bildlich dargestellt. Die Motive der Legende vom Marientod und der Marienkrönung haben sich nach der Beobachtung von Emile Mâle in der Kunst des 13. Jahrhunderts als Kanon herausgebildet:[102]

1. Todesverkündigung durch einen Engel
2. Versammlung der Apostel
3. Christus nimmt die Seele der Maria in Empfang
4. Trauerfeier mit Sarg und Leichenzug
5. Störung durch die Juden
6. Himmelfahrt und Krönung

Chartres stellt die Todesverkündigung durch den Engel nicht dar. Alle anderen wichtigen Motive der Legende sind in unterschiedlicher Gewichtung im Fenster von Chartres gezeigt.

Medaillon 6

Mariae Entschlafung inmitten der Apostel

Der Tod der Maria heißt in der Kirchensprache Mariae Entschlafung. Im untersten Kreismedaillon des Fensters liegt Maria auf einem goldenen Bett, das mit einem üppig und kunstvoll drapierten weißen Tuch bedeckt ist. Maria ist eingeschlafen. Um sie herum scharen sich 12 Apostel. Die gesamte Szene ist auf einer rot eingefassten Brücke mit grünem Mauerwerk angesiedelt. Unter dem Brückenbogen befindet sich eine runde rote Scheibe. Betroffenheit, Ernst und zugleich eine große Lebendigkeit spiegeln sich in den Gesichtern und in der Haltung der Apostel. Einer von ihnen neigt sich Maria innig zu. Es ist Paulus, der in die Schar der Apostel aufgenommen wurde. Nach

---

[102] Emile Mâle, L'Art religieux du XIIIè siècle en France, Paris, 1958; dt. Die Gotik. Kirchliche Kunst des XIII. Jahrhunderts in Frankreich, Stuttgart, 1986, S. 223 ff.

einer arabischen Legende war Thomas verspätet angekommen, fehlt also hier. Besonders harmonisch erscheint die Farbverteilung dieses Medaillons. Die Gestalten stehen nicht vor dem blauen Hintergrund, sondern erscheinen wie eingeschmolzen in das Blau.

Medaillon 7-8

Die beiden Seitenmedaillons schließen die Szene nach außen hin ab. Von rechts haben zwei Frauen ohne Nimbus Anteil am Geschehen (Medaillon 7). Von links (Medaillon 8) begleiten ebenfalls zwei Frauen trauernd das Geschehen. Eine trägt einen Nimbus. Ist es Maria Magdalena?

Medaillon 9[103]
Christus nimmt die Seele der Maria in Empfang

Christus trägt die Seele der Maria, die wie üblich in Gestalt eines lichtvoll weißen Kindes gezeigt wird. Seine rechte Hand ist segnend erhoben. Christus wird von zwei Engeln mit parallel zusammengenommenen Händen flankiert. Ihr Blick ist von andächtiger Innerlichkeit geprägt. Sie stehen alle frei im blauen Raum. Ihre Gewänder bewegen sich im (Geist-)wind. Auch dieses mittlere Medaillon ist von inhaltlich symmetrisch gestalteten Seitenmedaillons eingerahmt.

Medaillon 10-11

In beiden Medaillons schwebt ein Engel mit grünen Flügeln und weist mit seiner Hand nach unten, nämlich auf das darunter liegende mittlere Medaillon, das den Tod Mariens darstellt. Gleichzeitig wenden sich diese Engel nach rückwärts zu den drei Heiligen, die hinter ihnen stehen. Ob es die Apostel sind, die bereits bei der Entschlafung Mariens dargestellt waren? Man sieht sie mit nackten Füßen, was ein Hinweis sein könnte. Oder ist es die Gruppe der Auserwählten, die Christus begleiten, als er die Seele seiner Mutter in Empfang nimmt?

[103] Die Medaillons 9-11 wurden erst kürzlich restauriert und wieder eingesetzt.

Gerade hier wären Spruchbänder mit Inschriften hilfreich, aber diese gibt es im gesamten Fenster nicht. Über den Gestalten befindet sich eine Stadtlandschaft mit Turm, in welche die Engelsflügel gerade noch hineinragen. Kennzeichnet sie den Ort dieser heiligen Gestalten, das Himmlische Jerusalem? Auch hier stehen wir vor einem Rätsel.[104]

Medaillon 12
Trauerzug

Als nächstes Thema wird der Trauerzug dargestellt. Das mittlere Kreismedaillon zeigt, wie eine geschlossene kastenartige Bahre mit grünen Füßen in Richtung Grabstätte – von rechts nach links – getragen wird. Sieben Apostel tragen und begleiten die Bahre, welche mit regelmäßigen sechs- und fünfblättrigen sternförmigen Blüten geschmückt ist. Während die Blütenreihe über die Länge der Bahre neun Blüten umfasst, sind es auf den Schmalseiten jeweils drei Blüten. In der Bildmitte ist eine Gestalt ohne Nimbus zu sehen. Ein Mann in einem auffallenden roten Gewand mit grünem Umhang. Er greift mit seiner rechten Hand von unten nach der Bahre. Hier könnte es sich um jenen Oberpriester handeln, der der Legende zufolge versucht hatte, den Sarg der Maria umzustoßen, oder, wie es auch überliefert ist, sich des Leibes der Maria zu bemächtigen. Es erscheint wenig wahrscheinlich, dass er, wie Delaporte vorschlägt, ursprünglich einmal einen Nimbus hatte, und dieser im Zuge einer früheren Restaurierung verloren gegangen ist.[105] Zunächst bleibt die Frage ungelöst und die Figur problematisch. Im mittleren Kreismedaillon geleiten also sieben oder acht Apostel Maria zum Grab. Sie bewegen sich auf einem geraden Weg, der durch ein doppeltes rotes Band markiert ist, darunter befindet sich wiederum eine rote runde Scheibe, die schon unter der Bahre der Entschlafenen zu sehen war.

---

[104] Selbst Delaporte möchte sich hier nicht festlegen; vgl. Yves Delaporte, p. 174.

[105] Delaporte hält dies für möglich; vgl. Delaporte, p. 175.

Medaillon 13-14

Wieder ist das mittlere Kreismedaillon von zwei seitlichen angeschnittenen Vierpassmedaillons eingerahmt. Rechts und links befinden sich jeweils zwei Apostel. Wenn es sich bei der Gestalt mit der Hand am Sarg nicht um den bösen Hohenpriester aus der Legende handelt, sondern um einen Apostel, wäre damit die Zahl der zwölf Apostel vollständig dargestellt. In Medaillon 13 sehen wir dem Trauerzug entgegenblickend Johannes mit dem grünen Palmenzweig in der Hand. Ihm war die Aufgabe zugekommen, den Trauerzug anzuführen.

Medaillon 15-17

Hier befindet sich die genaue Mitte des Fensters. Diese bietet sich für die Darstellung eines zentralen Themas an. Der inzwischen gewohnte Leserhythmus wird hier unterbrochen, denn eigentlich folgten jetzt Medaillon 15 und 16.

Medaillon 17

Zwei Engel mit schwingenden Weihrauchfässern, wie wir sie ähnlich etwa aus dem oberen Zwickelfeld des Johannes-Fensters kennen, nehmen den zentralen Platz in diesem Marien-Fenster ein. Sie wenden sich nach unten zur Bahre mit dem Leichnam der Muttergottes. Die obere Vierpasswölbung ist mit einem Lorbeerkranz, einer antiken Corona, geschmückt, die die Gewandfarben der Engel – rosa und grün – wiederholt.

Medaillon 15-16

Die seitlichen Halbkreismedaillons von Vierpassmedaillon 17 beziehen sich nicht auf dieses, sondern zeigen ebenfalls Gestalten, die mit ihren Händen nach unten weisen, nach unten, wo der Leichenzug vorüberzieht. In beiden Medaillons sehen wir vier Menschen, die unter einer Stadtszenerie versammelt sind: Im linken Halbkreismedaillon (Medaillon 15) sind alle ohne Nimbus dargestellt. Die vordere Gestalt trägt ein Tuch über den Kopf geschlungen, wie wir es aus der Darstellung der Maria Magdalena im Maria-Magdalena-Fenster kennen. Sie stehen ebenso wie die Gruppe im rechten Halbkreismedaillon (Medaillon 16) auf einem gedoppelten blau-roten Band. Die dort den Engeln des Vierpassmedaillons am nächsten stehende Gestalt dürfte Johannes der Evangelist sein, denn er trägt eine Schriftrolle in der Hand. Die Gestalt ohne Nimbus, welche sich vom Geschehen abwendet und sichtlich anderes im Sinn hat, könnte vielleicht besagter Oberpriester sein, der den Sarkophag der Muttergottes angegriffen hatte und inzwischen bekehrt wurde.

Medaillon 18
Grablegung

Maria, die in braune und im Kopf-Schulterbereich in braunrote Tücher gehüllt ist, wird in einen mit vielen Symbolen geschmückten Sarkophag gelegt. Innen ist er grün ausgeschlagen, die Seitenwände sind blau und oben sowie unten mit roten geschmückten Steinbändern eingefasst. Darunter befindet sich eine grüne Einrahmung. In einer eigenartig abstrakten Stilisierung steht dieser Sarkophag auf fünf goldenen Säulen. Seine Vorderseite ist mit drei roten runden Scheiben geschmückt. Sind es Rosen, sind es Kugeln oder sollen es Fenster sein? Wir wissen es wieder nicht. Das übrige Kreismedaillon ist vollständig von den Aposteln ausgefüllt. Wieder zeigen sie sich durch Mimik, Gebärde und Haltung von sehr individueller Seite. In der Mitte schwingt einer ein Weihrauchfass, rechts stützt Petrus gemäß der Legende den Kopf der Maria, ohne ihn wirklich zu berühren. Ein anderer Apostel nimmt sie an den Füßen, die auch er nicht wirklich anfasst. „Doch wagten sie nicht, jenes alleredelste Gefäß Gottes mit ihren Händen zu berühren, sondern fassten das Gewand zu ihren Seiten und ließen sie also hinab“, heißt es in der Legenda Aurea.[106] In dieser Darstellung sind 13 Menschen anwesend, was

[106] Jacobus de Voragine, Legenda Aurea.

manches Rätsel aufgibt. Sie haben einen Nimbus, der sie als Apostel kenntlich macht. Dennoch ist die Ordnung irgendwie gestört, der Dreizehnte fällt zumindest beim ersten Hinsehen aus dem Programm heraus. Über dieser Gruppe senkt sich ein Engel hinunter, senkt sich genau über dem Weihrauchgefäß in die Gruppe hinein.

Medaillon 19-20

Die Grablegung Mariens wird in den angrenzenden angeschnittenen Vierpassmedaillons von jeweils einem stehenden weihräuchernden Engel symmetrisch begleitet.

Medaillon 21
Mariae Himmelfahrt

Maria erscheint in einem weißen Gewand und blauen Umhang. Sie steht in einer roten Mandorla, die von einem weißen, lebendig wirkenden Band, das an Wolken oder auch Flammen erinnert, umgrenzt ist. Ihre Hände und ihre im byzantinischen Stil weit geöffneten Augen, die leichte Drehung ihrer Gestalt lassen sie sehr wach erscheinen. Sie nimmt die klassische Orantenhaltung ein: Maria betet – und doch scheint sie zu predigen. Zwei Engel tragen lauschend die Mandorla, welche die gesamte Vierpasshöhe ausfüllt. Sie umfassen den weißen Lichtsaum der Mandorla von der Seite, mit dem Gesicht jedoch wenden sie sich von Maria ab, als seien sie nicht stark genug, ihr Leuchten auszuhalten.

Medaillon 22-23

In scheinbar symmetrischer Anordnung schwingen jeweils zwei Engel Weihrauchfässer zu Maria in der Mandorla hin. Sie stehen wieder auf einem doppelten rot eingefassten blauen Balken, wobei sich das Rot bisweilen bis zum Gold hin aufhellt. Und über ihnen befindet sich eine Stadt mit grünem Stadttor oder Torturm.

Medaillon 22

Beide Engel schwingen ihre Weihrauchgefäße mit der rechten Hand. In der rechten Engelsgestalt können wir ohne Mühe Maria Magdalena erkennen. Ihre Gestalt, ihr rötliches Kleid mit weißem Umhang, ihr feines Antlitz sind uns aus dem Maria-Magdalena-Fenster wohl vertraut. Hier jedoch hat sie grüne Flügel.

Medaillon 23

Wieder schwingen beide Engel ihr Weihrauchgefäß in der rechten Hand. In ihrer linken Hand halten sie eine flache Schale. Noch stärker als im linken Seitenmedaillon wirkt hier die Dynamik der Bewegung. Der rechte Engel trägt Antlitz und Gestalt des Evangelisten Johannes, im linken Engel erscheint wieder Maria Magdalena. Kann das sein? Man ist als Betrachter beunruhigt und damit aufgeweckt für den thematischen Höhepunkt des Fensters, der nun folgen wird, und den aufzunehmen eine veränderte Seelenhaltung erfordert.

Medaillon 24-27
Marienkrönung

Die vier letzten Medaillons beschreiben den eigentlichen Höhepunkt in diesem Fenster. Es ist eine Darstellung, die den Betrachtern zur Zeit des Kathedralbaus nicht geläufig war und deshalb besonders eindrucksvoll wirken konnte: Maria ist in den Himmel aufgenommen und wird von Christus gekrönt, eine Handlung, die von Engeln begleitet wird.

Medaillon 24

Maria sitzt zur Rechten des Christus auf einem Thron. Sie hält in ihrer rechten Hand einen goldenen Stab, der an ihrer Schulter lehnt, ein Szepter. Ihre linke Hand weist auf Christus, sie ist empfangend geöffnet. Christus stützt den linken Arm in herrscherlicher Manier auf eine

Armlehne. Mit seiner rechten Hand setzt er Maria die Krone auf das Haupt. Ganz oben im Medaillon löst sich aus einer weißen Wolke, die sich in der Breite über die Häupter der beiden Gestalten ausdehnt, eine weiße Taube – der Heilige Geist – und richtet einen breiten roten Strahl nach links auf Maria sowie nach rechts auf Christus. Von den Seiten unterstützen zwei Engel mit Spruchbändern die Krönung. Sie sind dem Geschehen vollständig zugewandt, blicken jedoch beinahe in die entgegengesetzte Richtung, der linke zum Engel im linken seitlichen Medaillon, der rechte in die Ferne. Auf ihren Spruchbändern ist zu lesen: „TE DEUM LAUDAM[US]", 'Wir loben dich, Gott'. Der Krönungsthron steht auf einem Sockel, der einer starken Mauer mit zwölf Toröffnungen ähnelt. Dieser Sockel ruht wiederum auf dem doppelt rot eingefassten blauen Balkenband, das in diesem Fenster immer wieder dargestellt ist. Hier aber hellt sich das obere rote Band in weiten Teilen zum Weiß hin auf. Darunter befinden sich diesmal keine kreisrunden Scheiben, sondern vier rote Fenster.

Medaillon 25-26

In den seitlichen Medaillons sind symmetrisch Engel dargestellt, die wiederum das Zentralgeschehen unterstützend begleiten. Sie haben ihre Hände zusammengenommen und scheinen mit den Engeln im mittleren Medaillon zu kommunizieren.

Medaillon 27

Aus dem obersten Medaillon in der Spitze des Fensters scheinen zwei Engel mit goldenen Flügeln aus höchsten Himmelshöhen, die durch weiße Wolken angedeutet sind, herabzustürzen. Sie bringen gemeinsam die Krone für Maria. Seitlich befinden sich stark angeschnittene Kreismedaillons, die wider Erwarten keine Engel darstellen, sondern stark abstrahierte Symbole: ein goldenes Blattkreuz, man möchte es gar für Eichenlaub halten, umrahmt von zwei roten Kugeln. Auffallend ist, dass der innere Rand der Medaillons von einem grünen Streifen umgrenzt ist.

Das Fenster vom Marientod und Mariae Aufnahme in den Himmel im *sensus spiritualis*

Im Pilgerfenster von Chartres wird der gläubige Mensch, der sich als Gottsuchender in die Kathedrale begibt, vor seinen persönlichen Spiegel gestellt. Denn die Grundlage für jede Geisterkenntnis ist die Selbsterkenntnis. Die mittelalterliche Bildsprache nutzt dazu ihre eigenen Mittel, was ich ausführlich im dritten Band dieser Reihe beschrieben habe.[107] In diesem Sinne ist das Pilgerfenster eine Vorbereitung, um sich Maria im höheren Sinne, nämlich als Maria-Sophia zu nähern. Das Urbild christlicher Pilgerschaft ist im Gleichnis vom Barmherzigen Samariter aufgezeigt. Dort stellt ein „Gottsucher" die Frage nach Geisterkenntnis und erfährt eine ausführliche Belehrung. Der christliche Pilger ist ein Sohn Adams und Evas, die nach der Vertreibung aus dem Paradies Wanderer auf Erden geworden sind. Seine persönliche Entwicklung hat ihren Ursprung in den Stammeltern.

Eva, die geschaffene Frau, ist die Gehilfin Adams, die er braucht, um sich selbst weiterzuentwickeln. Sie ist mit ihm verwandt, insofern sie aus seiner Seite stammt, aber sie ist nicht mehr mit ihm verbunden. Sie ist autonom geworden und steht Adam gegenüber – und zwar als Frau, genauer als Jungfrau. Nicht in der Auseinandersetzung mit Gott, sondern mit der Frau findet Adam seinen Spiegel, durch den er seine Erkenntniskräfte ausbilden kann. Adam, der Urmensch, ist der Repräsentant jedes einzelnen Menschen. Das bedeutet, dass ein jeder die Aufgabe hat, seine Erkenntniskräfte auszubilden, um zunächst zur Selbsterkenntnis zu kommen. Die „Männin", wie man es buchstäblich aus dem lateinischen *virgo* übersetzt hat (auch hierin steckt der Wortstamm *vir* – Mann), die Jungfrau, die den Namen Eva noch nicht trägt, wird ihm dabei helfen. Zur Eva wird sie erst jenseits der Paradiesestür; aber sie war schon von Anfang an da im „ungetrübten Spiegel von Gottes Kraft". (Weisheit 7, 26)

---

[107] Sophia-Janet Aleemi, Die Glasfenster von Chartres, Band 3, Der Mensch als Pilger und der Barmherzige Samariter, Stuttgart, 2012.

Die neue Jungfrau, mit Namen Maria, hat diese Aufgabe von der ersten Jungfrau, der Männin/*vir-go* Eva, auf einer höheren Ebene übernommen. Auch sie ist in ihrer Wesensart als Sophia Spiegel und verhilft dem Gottsuchenden zur Schau des Höchsten, zur Geisterkenntnis. Aus den Himmlischen Höhen blickt sie ihn an und fordert ihn dazu auf: ‚Mach dich auf den Weg!'. Aus dieser inneren Notwendigkeit muss in Chartres das Fenster der Maria-Sophia als Himmelskönigin neben dem des Pilgers seinen Platz einnehmen.

Wer ist nun diese Jungfrau Maria, als Maria-Sophia? Um sie von der äußeren Seite her kennen zu lernen, haben wir ihr äußeres Bild, wie es die kirchliche Tradition vermittelt, versucht zu umreißen. Dabei haben wir uns darum bemüht, sie in ihrer irdischen Erscheinung möglichst plastisch erscheinen zu lassen, das heißt, unter Einbeziehung unserer heutigen Möglichkeiten auch ihr irdisches Lebensumfeld ein wenig beleuchtet. Wir sind punktuell bereits in die äußere Geschichte des Christentums eingetaucht, die in dieser frühen Zeit aufs Engste mit der Geschichte der Kirche verknüpft ist. Diese komplexe Betrachtung müssen wir aufgreifen und vertiefen, um Maria und damit die Botschaft des Fensters besser zu verstehen.

Verständlicherweise hat man in den ersten Jahrhunderten des Christentums nicht in erster Linie die Frage nach dem Wesen der Maria gestellt, sondern um das Wesen der Trinität gerungen. In welchem Verhältnis steht Gottvater zum Sohn, wie ist das Wesen des Christus zu verstehen, und wie das des Heiligen Geistes? Aus dieser Auseinandersetzung folgt erst die Frage nach der Gottesmutter.

Angefangen hatte alles mit der Frage, ob der Sohn dem Vatergott **gleich**, also wie der Vater „ungeschaffen" sei oder ob er als Teil der Schöpfung „geschaffen" – und damit dem Vatergott **ähnlich** sei.

Nicht nur Theologen diskutierten diese Frage, sondern die ganz normale Bevölkerung, wie wir einem Bericht des Gregor von Nyssa (334-394) entnehmen können:

„Die ganze Stadt ist voll von derlei Kram, Gassen, Märkte und Plätze. Fragst du den Trödler, Wechsler oder Gemüsehändler nach dem Warenpreis, so reden sie dir von ‚gezeugt' und ‚ungezeugt'. Willst du wissen, was das Brot kostet, so lautet die Antwort: ‚Der Vater ist grösser als der Sohn, und der Sohn ist ihm untertan.' Fragst du den Badeknecht, ob das Bad bereit ist, so setzt er dir auseinander, dass der Sohn aus Nichtseiendem entstanden sei. Wie soll man solch ein Übel nennen, Verrücktheit, Wahnsinn oder sonst wie, wodurch der gesunde Menschenverstand dem Menschen ganz abhanden gekommen zu sein scheint."[108]

Ist Gott wirklich herabgestiegen und Mensch geworden? Oder ist Jesus aufgestiegen zu Gott und als Sohn angenommen worden? Diese Frage trieb die Menschen so stark um, dass der damals noch nicht getaufte Kaiser Konstantin eine verbindliche Entscheidung herbeiführen wollte und deshalb erstmals ein gemeinsames Konzil aller Kirchenführer einberufen ließ. Es fand 325 in Nicaea statt und brachte das erste Glaubensdogma der christlichen Kirche. Beide Anschauungen – man nennt sie auch Deszendenz und Aszendenz – ließen sich durch die Evangelien belegen, sie fielen sogar im mythologisch vorgeprägten Umfeld auf fruchtbaren Boden, aber sie ließen sich nicht mehr – oder noch nicht – miteinander vereinbaren.[109]

Der gefundene Kompromiss war eine freilich konstruierte Formulierung in Anlehnung an Origenes, mit der man leben konnte und bis heute lebt: Der Sohn wurde nicht vom Vater geschaffen, jedoch vom

---

[108] Zit. nach Alfred Schütze, Vom Wesen der Trinität, Stuttgart, 2/1980, S. 195; vgl. G. Krüger, Sammlung ausgewählter kirchen- und dogmengeschichtlicher Quellenschriften, Tübingen, 1891 ff.; G. Krüger, Das Dogma von der Dreieinigkeit, Tübingen, 1905.

[109] Michael Debus fasst die beiden Auffassungen der Deszendenz-Christologie und Aszendenz-Christologie anschaulich zusammen. Ich orientiere mich im Folgenden teilweise an seinen Ausführungen. Michael Debus, Maria-Sophia. Das Element des Weiblichen im Werden der Menschheit, Stuttgart, 2000; ausführlich ist diese Thematik aufgezeigt in: Wolfgang Beinert / Heinrich Petri, Handbuch der Marienkunde.

Vater *„gezeugt"* – und ist ihm damit gleich. In einem weiteren Konzil, das 381 in Konstantinopel stattfand, entschied man, dass der Sohn *„gleicher Substanz mit dem Vater" sei.*

Allein eine solche Diskussion zeigt, wie weit man sich vom kulturellen Hintergrund der Gemeinde um Jesus Christus entfernt hatte. Die (damals) jüdische Welt verstand unter „Sohn Gottes" niemals einen leiblichen Nachkommen Gottes. Sohn Gottes wurde man allein dadurch, dass man auserwählt wurde, wie einst das Volk Israel. Hatte doch Gott zu Moses gesprochen, damit er es dem Pharao mitteile: *„Israel ist mein erstgeborener Sohn. Lass meinen Sohn ziehen, damit er mich verehren kann."* (2. Mose 4, 22) Zum Sohn Gottes wurde auch, wer zum König gekrönt wurde. Dafür lautete die Formel: *„Mein Sohn bist du, heute habe ich dich gezeugt."* (2. Psalm, 7) Genau diese Worte hören wir durch Lukas übermittelt bei der Taufe Jesu am Jordan.

Die Theologen der Konzile waren jedoch nicht in der jüdischen Kultur aufgewachsen, sondern waren griechisch, ägyptisch, römisch oder auch kleinasiatisch vorgeprägt. Für diese Kulturströmungen waren große Männer oft genug von Göttern gezeugt und damit von Geburt Gottessöhne. Hier interessierte eher, wie eine zeugende Begegnung eines Gottvaters mit einer irdischen Frau ausgesehen haben könnte. Die Bahn ihrer Denkrichtung war damit vorgegeben. Dass die Christuswesenheit sich erst bei der Taufe durch Johannes im Jordan mit Jesus verbunden hat, konnte man so nicht denken. In der Taufe sah man lediglich eine Ergänzung und Bestätigung der Göttlichkeit Jesu. Dies ist bis heute so.

Aber man sah sich doch genötigt, die Frage nach Jesu Gottwerdung erneut und von einer anderen Seite aufzugreifen. Gut 100 Jahre später wurde also wieder ein Konzil einberufen. Es war wohl kein Zufall, dass es in Ephesos unweit des großen Artemis-Tempels stattfand. Dort befand sich eine der größten Marienkirchen der Zeit.[110] Und in

[110] Auch heute noch kann man ihre Größe nachvollziehen, wenn man durch die Ruinenreste unterhalb der antiken Stadt Ephesos geht.

dieser fand das Konzil statt, bei dem man entschied, dass Jesus von Geburt an als Sohn Gottes anzusehen sei, also tatsächlich ein Gott war und deshalb Maria offiziell den Titel, den sie ja vielfach bereits trug – „*Theotokos*" (Gottesgebärerin) – zugesprochen bekam. Wir haben eingangs bereits wichtige geistesgeschichtliche Aspekte dieses Konzils in Bezug auf Maria betrachtet. Es gibt indes noch eine weitere nicht sofort sichtbare Wirkung, die jedoch von größter Bedeutung ist. Cyrill, Patriarch von Alexandrien, der ein Feind der alten Mysterien war, konnte nun endlich für sein religiös-kulturelles Umfeld die Göttin Isis mit dem Horusknaben auslöschen und durch Maria mit dem Jesuskind neu besetzen. Ein folgenschwerer Ersatz, der in Wirklichkeit keiner war.

Mit den alten Isis-Mysterien war nämlich eine besondere Aufgabe für die seelisch-geistige Entwicklung des Menschen verbunden gewesen, ein innerer Schulungsweg, der Schritt für Schritt zur Einweihung in das Isis-Mysterium führte. Grundsätzlich waren Einweihungen geheim, und wir wissen nicht allzu viel über sie. Aus den späten Isis-Mysterien sind uns jedoch manche Nachklänge etwa durch den römischen Dichter Apuleius in Andeutungen überliefert.[111] Einweihung bedeutete ja zu allen Zeiten durch innere Verwandlung, konkret durch Überwindung der inneren Tiernatur, zur „Geburt" des Göttlichen, des Gottes, in der eigenen Seele zu kommen. So sollte es auch in den Isis-Mysterien geschehen. Der erste Schritt zur Einweihung erforderte zu allen Zeiten, eine innere Reinigung des Einzuweihenden, zuletzt ging es immer um das Überschreiten der Grenze zwischen Leben und Tod. In der Einweihung konnte dann die Begegnung mit der Gottheit im Bild der ‚Großen Göttin' als Wirklichkeit erlebt werden. Über die ägyptische Urmutter Nut oder Neith, die Mutter der Isis, heißt es in einer Tempelinschrift:

Nut, welche die Sonne gebar
und die Keime der Götter und Menschen legte,

[111] Apuleius, Der goldene Esel, übersetzt von August Rode, Frankfurt/M., 5/1975.

[sie ist] Vater der Väter, Mutter der Mütter,
die Seiende nämlich, welche von Anfang an gewesen ist.

Was da ist,
was da sein wird
und was gewesen ist,
[bin] Ich, Nut.

Meinen Chiton [Kleid, Schleier] hat keiner aufgedeckt.
Die Frucht, die ich gebar,
war die Sonne.

Die Mutter der Morgensonne,
die Schöpferin der Abendsonne,
welche gewesen ist, als nichts war,
und welche geschaffen hat, was nach ihr war.[112]

In den alten Mysterien war eine Einweihung dem Einzuweihenden, also dem Mysten, nicht ohne Begleitung des führenden Priesters möglich, und so war etwa die ägyptische Einweihung unmittelbar von der Macht des höchsten Priesters abhängig. Nur unter seiner Führung und durch seine Hilfestellung konnte der Myste zur Geburt des Kindes in der eigenen Seele gelangen. Im Bild der Maria als Gottesgebärerin hingegen geschieht die Geburt des Kindes ausschließlich aus göttlicher Gnade. Maria geht keinen klassischen, von Priestern angeleiteten Einweihungsweg, Maria musste sich – so fasst es die Kirche auf – keiner inneren Reinigung unterziehen, sondern sie war bereits rein geboren und rein geblieben. Dies wurde dann sehr viel später im Immaculata-Dogma auch als Glaubenssatz festgelegt. Hier liegt der entscheidende Unterschied. Die Aufgabe, dass der Mensch erst zu einer gewissen inneren Reife kommen muss, sich also mühsam entwickeln muss, ist damit aufgegeben worden. In alter Zeit war jede Einweihung von einer Autorität begleitet worden, in Ägypten etwa von

[112] zit. n. Hartwig Biedermann, Mutterrecht, Matriarchat, und Mythos, Norderstedt, 2011, S. 29.

einem führenden Priester, der im entscheidenden Moment Königswürde einnahm.[113] Dieses Element wird bei Maria als Gottesgebärerin neu gefasst werden. Niemand begleitet ihren „Entwicklungsweg". Allein durch göttliche Gnade gebiert sie das Gotteskind. Dies hat zur Folge, dass der gläubige Christ in der Hinwendung zu Maria Ähnliches erleben kann: die Gottgeburt im eigenen Innern. Mittelalterlich formuliert hieße dies „durch Maria kann der Gläubige zu Christus gelangen". Aber in dem Moment, wo Maria zum Sinnbild, zum Typus der Kirche gemacht wird, welche die Seele der Menschen zu Gott führt, erhält die Kirche die Macht und Autorität – um im Bild zu bleiben – des einstigen Priesterpharao. Diese hat sie bis heute inne.

* * *

Wenn nun Maria – wie in Ephesos definiert – einen Gott geboren hat, konnte und kann sie nach herrschender Auffassung nicht eine „normale" Frau mit einem persönlichen Schicksal, wie es alle Frauen nach dem Sündenfall der Eva waren, gewesen sein, sondern musste eine besondere Reinheit aufweisen. Sie musste nach den geltenden Vorstellungen jungfräuliche Mutter sein, was indessen, wie wir gesehen haben, in der Antike noch keine große Besonderheit darstellte. Sie musste darüber hinaus aber auch frei von der Erbsünde sowie frei von persönlicher Sünde oder Schuld sein. Letzteres war in den Legenden deutlich genug ausgeschmückt worden und galt als selbstverständlich. Ebenso ihre unbefleckte Herkunft, und dass sie ein tugendvolles Leben ohne Tadel führte und moralisch vollkommen integer war, war auch klar. Dass sie frei von der Erbsünde sein sollte, war schon schwieriger nachzuvollziehen und bedurfte einer ausgiebigeren Auseinandersetzung. Es wurde im Konzil von Chalcedon (451) vorformuliert (*„aei parthenos"*; dt. „die immerwährend Jungfräuliche" oder auch „allzeit Jungfrau"), jedoch erst in einem späteren Konzilsbeschluss verbindlich definiert (Konstantinopel 553) – und wieder durch eine erstaunliche Gedankenkonstruktion begründet: Zwar hat Christus die Erlösung

[113] Frank Teichmann hat dies beispielhaft herausgearbeitet: Ägyptische Mysterien, 1999; Der Mensch und sein Tempel, Ägypten, Stuttgart, 3. aktualis. Aufl. 2003.

der Menschheit erst durch das Mysterium von Golgatha vollzogen, Marias Erlösung aber vorweggenommen. Maria wird damit zur ersten vollkommenen Erlösten gemacht. Und so ist die Vorstellung der Theologen folgerichtig, dass sie keinen normalen Tod erleiden konnte, sondern direkt in den Himmel aufgenommen wurde.

Die Vorstellung von der unbefleckten Empfängnis, der *„immaculata conceptio"* gehört eng zum mittelalterlichen Marienkult, wenn sie auch noch bei den Scholastikern eine höchst umstrittene Frage war. Ein entsprechendes Fest der Unbefleckten Empfängnis war erst 1477 vom Renaissancepapst Sixtus IV, dem Erbauer der Sixtinischen Kapelle, in Rom eingeführt und auf den 8. Dezember gelegt worden. Dennoch blieb diese Vorstellung weiterhin problematisch. Um endlich Verbindlichkeit zu schaffen, wurde das Ergebnis jahrhundertelanger Diskussionen in der Neuzeit in zwei weitere Mariendogmen gefasst. Am 8. Dezember 1854, dem Festtag der Unbefleckten Empfängnis Mariens, proklamierte Papst Pius IX in der Bulle „Ineffabilis Deus" eben diese „unbefleckte Empfängnis Mariens", nämlich *„die Lehre, welche festhält, dass die seligste Jungfrau Maria im ersten Augenblick ihrer Empfängnis durch die einzigartige Gnade und Bevorzugung des allmächtigen Gottes im Hinblick auf die Verdienste Christi Jesu, des Erlösers des Menschengeschlechtes, von jeglichem Makel der Urschuld unversehrt bewahrt wurde, von Gott geoffenbart und deshalb von allen Gläubigen fest und beständig zu glauben ist."*[114] Um diesem neuen Dogma die Legitimation zu geben, behauptete also Papst Pius IX, es sei ihm unmittelbar von Gott offenbart worden. Welche Folgen den Zweifler erwarten, zeigt der sich anschließende Abschnitt: *„Sollten daher, was Gott verhüte, sich welche herausnehmen, im Herzen anders zu sinnen, als von Uns definiert wurde, so sollen diese erkennen und fortan wissen, dass sie durch eigenen Richterspruch verurteilt, Schiffbruch im Glauben erlitten haben und von der Einheit der Kirche abgefallen sind, und dass sie au-*

[114] Pius IX, Bulle „Ineffabilis Deus": Definition der Unbefleckten Empfängnis Mariens vom 8. Dezember 1854, in: H. Denzinger / P. Hünermann, Kompendium der Glaubensbekenntnisse und kirchlichen Lehrentscheidungen, Freiburg, 37/1991, S. 776, Abs. 2803.

ßerdem durch ihre Tat selbst den vom Recht festgelegten Strafen unterliegen, wenn sie es wagen sollten, das, was sie im Herzen sinnen, mündlich, schriftlich oder auf irgendeine andere äußerliche Weise zum Ausdruck zu bringen."[115] Am 18. Juli 1870 wurde das 1. Vatikanische Konzil beendet, allerdings nicht offiziell abgeschlossen. Beschlossen wurden an diesem Tag das Primat und die Unfehlbarkeit des Papstes.[116]

Als Entsprechung zum Dogma von Papst Pius IX schuf man zum Abschluss des ‚*Marianischen Jahrhunderts*', das etwa 1850-1960 angesetzt wird, zur Hundertjahrfeier des Immaculata-Dogmas das Dogma über die „leibliche Himmelfahrt Mariens" *(Assumpta)*. Anfang und Ende ihres Lebens sind somit losgelöst von irdischen Bedingungen definiert. *„Es ist von Gott geoffenbarte Glaubenslehre, dass die Unbefleckte Gottesgebärerin und immerwährende Jungfrau Maria nach Vollendung des irdischen Lebenslaufes mit Leib und Seele in die himmlische Herrlichkeit aufgenommen wurde. Sollte daher, was Gott verhüte, einer wagen, das entweder zu leugnen oder absichtlich in Zweifel zu ziehen, was von Uns definiert wurde, so soll er wissen, dass er vom göttlichen und katholoischen Glauben völlig abgefallen ist.*"[117] 1954 wurde Maria von Papst Pius XII zur Königin des Himmels und der Erde erklärt und als

---

[115] Bulle „Ineffabilis Deus": Definition der Unbefleckten Empfängnis Mariens vom 8. Dezember 1854, in: Denzinger / Hünermann, S. 776, Abs. 2804.

[116] Der entscheidende Passus der Konstitution „Pastor aeternus" von Papst Pius IX lautet: „Wenn der römische Bischof in höchster Lehrgewalt *(ex cathedra)* spricht, das heißt, wenn er seines Amtes als Hirt und Lehrer aller Christen waltend in höchster apostolischer Amtsgewalt endgültig entscheidet, eine Lehre über Glauben oder Sitten sei von der ganzen Kirche festzuhalten, so besitzt er mittels des ihm im seligen Petrus verheißenen göttlichen Beistandes jene Unfehlbarkeit, mit der der göttliche Erlöser seine Kirche bei endgültigen Entscheidungen in Glaubens- und Sittenlehren ausgerüstet haben wollte. Diese endgültigen Entscheidungen des römischen Bischofs sind daher aus sich und nicht auf Grund der Zustimmung der Kirche unabänderlich." 1. Vatikan. Konzil: 18. Juli 1870, Erste dogmatische Konstitution „Pastor aeternus" über die Kirche Christi, in: Denzinger / Hünermann, S. 833, Abs. 3074.

[117] Pius XII, Apostolische Konstitution „Munificentissimus Deus", Assumptio B. Mariae, 1. November 1950, in: Denzinger / Hünermann, S. 1101, Abs. 3903-3904 .

neues Fest *„Maria Königin"* inauguriert.[118] „Die Mutter Christi wird zur allbeherrschenden, beinahe absoluten Gestalt. Bezeichnend ist, dass sie nun ohne Sohn dargestellt werden kann. (...) Faktisch konzentrierten sich Theologie und Frömmigkeit auf sie [allein]. (...) Die Mutter des Herrn wird – in Treue zur patristischen Überlieferung – der Kirche als ihr Urbild vorangestellt."[119] Maria und die Kirche sind eins geworden, Maria als Seelenführerin ist nun die Kirche. Ein individueller von Maria begleiteter Weg zu Gott ist folglich nicht mehr möglich. Tatsächlich bedeutet dies, dass damit nun endgültig jede individuelle Entwicklungsmöglichkeit des Menschen zum Geistigen, wie es noch in der Kathedrale von Chartres veranlagt war, offiziell verhindert ist. Der Weg zu Gott kann nach dieser Anschauung ausschließlich durch höhere Gnadenwirkung – so wie man sie für Maria festgelegt hat – geschehen. Ein innerer Entwicklungs- und Erkenntnisweg eines einzelnen Menschen mit dem Ziel einer selbst erarbeiteten Geistesschau kann unter diesen Vorgaben nicht mehr durchführbar sein.[120]

Die Theologen von Chartres haben sich in dieser Auseinandersetzung, die ja bereits durch das gesamte Mittelalter hindurch geführt wurde, wohlweislich zurückgehalten. Sie haben ihre eigene Position

---

[118] Pius XII, Enzyklika „Ad caeli Reginam", 11. Oktober 1954, in: Denzinger / Hünermann, S. 1105-1108.

[119] Wolfgang Beinert / Heinrich Petri, Handbuch der Marienkunde, Regensburg, 1984, S. 9.

[120] Es geht in diesem Buch nicht darum, die römisch-katholische Dogmengeschichte zu diskutieren, wir können sie aber auch nicht ignorieren, denn sie prägt in ihrer Autorität die kulturelle Tradition des Westens bis heute. Weil die päpstlichen Texte im Wortlaut nicht leicht zugänglich sind, haben wir sie hier ausführlicher zitiert. Fraglos zweifeln heute immer mehr gläubige Katholiken an den Mariendogmen. Die orthodoxen Kirchen lehnen etwa das römisch-katholische Immaculata-Dogma rundweg ab, ebenso die Frage nach ihrer Erlösungsbedürftigkeit und ihrer leiblichen Himmelfahrt. Wer als westlicher (d. h. römischer) Katholik an den Mariendogmen zweifelt, muss gemäß den päpstlichen Schriften mit entsprechenden Konsequenzen rechnen, s. H. Denzinger / P. Hünermann, S. 776, Abs. 2804; vgl. Helmut Fischer, Maria im Verständnis der Kirchen und die Gottesmutterikone, Petersberg, 2006, S. 43.

kaum schriftlich festgehalten, aus den Fenstergestaltungen und auch aus den Portalen lässt sie sich jedoch herauslesen. Und wir stellen fest, dass die Lehrer und Meister von Chartres zu einem anderen Ergebnis gekommen sind als die kirchliche Entwicklung der vorangegangenen und vor allem die der folgenden Jahrhunderte. Das Westportal ist eine große Manifestation dieser Chartreser Theologie, in deren Zentrum Maria durchdrungen mit der göttlichen Weisheit – der Sophia – steht.[121] Sich mit ihr denkend zu verbinden, sollte das große Ziel sein.

Im Mittelalter konnte der Mensch durchaus akzeptieren, dass alles in seinem Leben allein von der Gnade des Himmels abhing. Er konnte sich aufgehoben fühlen in einer Welt, die von Gott und seinen Engeln geleitet wurde. Schicksalsschläge wurden als gottgegeben hingenommen, man vertraute darauf, dass die das Leben leitende Macht weisheitsvoll handelte. Im Volk gab es eigentlich kein großes Bedürfnis nach dem Erkennen dessen, der da wirkte. Die Mystik strebte das seelische Erleben der Gotteskräfte im eigenen Innern an, hatte jedoch ebenfalls kein dezidiertes Erkenntnisbedürfnis nach gedanklicher Methode.

Allein in der Schule von Chartres lebte sich eine andere Stimmung aus. Hier forderten die Lehrer – am deutlichsten vielleicht der große Alanus ab Insulis – dazu auf, Geisterkenntnis bewusst zu suchen. Für den in diese Richtung strebenden Schüler schufen die großen philosophisch-theologischen Lehrer eine dreistufige Methode der inneren Schulung – und wussten doch, dass nur ganz wenige diesen Weg auch nur über eine gewisse Strecke hinweg gehen können oder gehen wollen würden. Und dass vielleicht nur Einzelne das Ziel erreichen.

---

[121] Eine ausführliche Betrachtung und Interpretation dieser verborgenen Chartreser Theologie, wie sie sich im Westportal der Kathedrale darstellt, hat zum ersten Mal Michael Frensch in zahlreichen Aufsätzen der Zeitschrift Novalis, erschienen ca. 1988-1996, unternommen. Überarbeitet in: Michael Frensch, Wie öffnet sich das große Portal? Betrachtungen zum Portail Royal der Kathedrale Notre-Dame de Chartres, Schaffhausen, 2000.

Aber sie glaubten an diesen möglichen Weg, zu dem die richtige Selbsterkenntnis eine Grundvoraussetzung bildete. Sie waren dabei keinesfalls hochmütig, sondern wussten, dass zuletzt doch göttliche Gnade waltete, wenn individuelle Erkenntnisbemühungen auf diesem Stufenweg zur Geist- oder Gotteserkenntnis im eigenen Innern konsequent geleistet werden. Dies ist ein innerer Pilgerweg zum Geist, man kann ihn auch Gralsweg nennen.[122] In der Bildsprache der Gralsmysterien ist die Jungfrau, die das Himmelskind gebar, das Urbild der Gralsträgerin. Der Gral darf nur von der gereinigten Seele empfangen werden.

In Chartres ist dieser Erkentnisweg nicht nur in unzähligen Schriften und Predigten eingefordert worden, sondern hat auch eine gewisse künstlerische Realisierung gefunden – und zwar verborgen im Zyklus der Glasfenster. Es versteht sich von selbst, das die Chartreser in ihrer Geisterkenntnis zeitgebunden begrenzt waren, aber sie haben sich doch auf den Weg gemacht und vor recht genau 800 Jahren – die Langhausfenster sind etwa zwischen 1210 und 1215 eingesetzt worden – einen der wichtigsten Impulse in der Geistesgeschichte der Menschheit gesetzt. Man kann nicht umhin, daraus zu schließen, dass dies im Vertrauen auf eine Zukunft geschehen ist, in der die Menschen einmal aus eigener Aktivität einen noch selbstständigeren Weg zur Geisterkenntnis, zur Christuserkenntnis gehen würden, dass es einmal einen neuen Gralsweg geben würde.

Geistesgeschichtlich betrachtet, kann man die Philosophie Goethes, wie er sie insbesondere in seiner Faust-Dichtung darstellt, als eine Wegetappe in diese Richtung auffassen. Ganz im Sinne von Chartres bringt Goethe sein Werk zur Kulmination in der Erkenntnis: *„Das Ewig-Weibliche zieht uns hinan.“* Goethe hat seinen Faust etwa 1773 begonnen und 1831 vollendet.

Genau 700 Jahre nach dem Impuls von Chartres sollte es noch dau-

[122] Die Methode der Schule von Chartres habe ich ausführlich in Band 3 dieser Reihe dargestellt.

ern, bis ein neuer Markstein gesetzt wurde. Heute können wir im Rückblick sagen, dass es Rudolf Steiner war, der am 20. September 1913 als erster darüber gesprochen hat, dass im Leben Jesu selbst, also in seiner Biographie, erstmals in der Geschichte der innere Weg eines Menschen zur Gottwerdung sichtbar wird.[123] Dieser Prozess ist die Entwicklung des Jesus während 30 Jahren von der Geburt bis zur Taufe durch Johannes im Jordan. In der Theologie wird dieser Lebensabschnitt „die unbekannten Jahre Jesu" genannt. Rudolf Steiner hat diesen Weg mit seinen geisteswissenschaftlichen Mitteln erforscht und grundlegend in einer Vortragsreihe dargelegt.[124] Er nennt diese ersten 30 Lebensjahre Jesu in Anlehnung an die vier Evangelien, die im Wesentlichen über die letzten drei Jahre Jesu berichten, das „fünfte Evangelium".[125] Im Hinblick auf Maria bedeutet dies, dass, wenn auch in den vier biblischen Evangelien fast nichts über Maria geschrieben ist, sie doch das gesamte Leben ihres Sohnes intensiv begleitet hat. An seiner Seite hat sie ihren eigenen individuellen Entwicklungsweg vollzogen. Wesentliches daraus ist dem Werk Rudolf Steiners zu entnehmen.

Richten wir also nochmals den Fokus in diesem Zeitraum der ersten 30 Lebensjahre Jesu auf die Mutter Maria. Wir haben die wichtigsten Motive im Leben der Maria bereits zusammenfassend beleuchtet und dabei festgestellt, dass zwischen einzelnen Motiven, die in den Evangelien geschildert werden, Widersprüche und Ungereimtheiten erkennbar sind. Die Kirchengeschichte hat sich damit begnügt, diese Elemente nicht allzu genau zu betrachten oder, wie es in der neuesten Zeit geschehen ist, sie historisch in Frage zu stellen. Das Mittelalter seinerseits konnte gut mit diesen Widersprüchen leben, man hat sie

---

[123] Rudolf Steiner, Anweisungen für eine esoterische Schulung, GA 245, S. 121 ff.

[124] Rudolf Steiner hat diese besondere Methode wiederholt dargelegt und begründet, am ausführlichsten in dem Buch Wie erlangt man Erkenntnisse der höheren Welten, GA 10.

[125] Rudolf Steiner, Aus der Akasha-Forschung. Das fünfte Evangelium, GA 148.

auf eigene Art geglättet.[126] Erst Rudolf Steiner hat querdenkend ausgesprochen, was eigentlich jedem Bibelleser auffallen kann: Es muss sich um zwei Frauen mit demselben Namen handeln, die eben jeweils mit einem Mann namens Joseph verheiratet waren und ein Kindlein hatten, das den Namen Jesus trug. Alle diese Namen waren damals verbreitet, wir würden sie heute wohl als Modenamen bezeichnen. Lässt man sich auf diesen Gedanken ein, so sortiert sich das Gesamtbild fast wie von selbst: zwei grundverschiedene Familienbilder stellen sich dar. Rudolf Steiner hat dies aus geisteswissenschaftlicher Forschung beschrieben.[127] Eine knappe, aber sehr klare Zusammenfassung hat Michael Debus gegeben, der dabei vor allem auch die Konsequenzen auf die Kirchengeschichte und das geistige Bild der Maria untersucht.[128]

Wir gehen somit davon aus, dass die Maria aus dem Matthäus-Evangelium, deren Sohn Jesus vom Evangelisten Matthäus auf die salomonische Linie des Hauses David zurückgeführt wird, eine andere ist als die Maria aus dem Lukas-Evangelium, deren Sohn Jesus von Lukas auf die nathanische Linie des Hauses David zurückgeführt wird. Nathan und Salomo waren bekanntlich Brüder. Das Jacobus-Evangelium führt Maria selbst auf das Haus David zurück. Die meisten Marienlegenden aus dem Mittelalter beziehen sich eher auf die Maria des Matthäus, wenngleich bisweilen einzelne Motive der anderen Maria auf sie übertragen werden. So sehen wir also diese salomonische Maria als die in den Himmel Aufgenommene an, während sich

---

[126] Ein schönes Bild für den mittelalterlichen Umgang mit Genealogien findet sich im Chora-Kloster von Konstantinopel/Istanbul, das im 6. Jahrhundert errichtet wurde und in seiner heutigen Gestalt mit den prächtigen Mosaikzyklen u. a. des Marienlebens 1332 vollendet wurde. Hier ist sowohl die Genealogie der Maria als auch die des Jesus dargestellt – und zwar gewollt stichpunktartig und damit unvollständig.

[127] Rudolf Steiner, Aus der Akasha-Forschung. Das fünfte Evangelium, GA 148.

[128] Es würde den Rahmen dieses Buches sprengen und würde der Untersuchung von Michael Debus doch nicht gerecht werden, wollte ich sie hier zusammenfassen. Sie ist zum besseren Verständnis des hier Dargestellten gewichtig. Zum Verständnis der beiden Marien bietet Debus derzeit die beste Darstellung.

die Spuren der lukanischen Maria rätselhaft verlieren. Und wir halten fest, dass die überlieferte Maria in Wirklichkeit wesentlich komplizierter ist, was durch Rudolf Steiner ausgeführt wurde – wir dies aber im Hinblick auf das Himmelfahrtsfenster von Chartres nicht näher untersuchen müssen.[129]

Maria hat indessen zwei Seiten, von denen wir bisher nur eine betrachtet haben, nämlich diejenige, die im Westen im Mittelpunkt steht, und die uns vorzustellen noch am leichtesten fällt. Aus dem Blickwinkel des Ostens hat Maria darüber hinaus noch eine göttliche spirituelle Seite, die der Westen, die Westkirche, freilich vernachlässigt. Der Osten, insbesondere die russische Orthodoxie, nennt diese Wesenseigenschaft der Maria *die Sophia*.

Für die christliche Tradition ist Sophia biblischen Ursprungs. Sie tritt in der spätjüdischen Mystik als personifizierte weiblich-göttliche Gestalt auf, in ihr liegt der Uranfang der Welt. In den letzten Jahrhunderten vor der Zeitenwende waren jüdische Weisheitsbücher entstanden, die viel über das Wirken der Sophia zu berichten wussten. Sie bildeten eine organische Verbindung zwischen Judentum und Hellenismus. Weil sie so jung waren, wurden sie im Judentum zwar nicht als „kanonisch" erachtet, aber dennoch hoch geschätzt, denn die *Heilige Weisheit*, hebräisch die *Chokma*, griechisch die *Sophia* bedeutete den goldenen Schlüssel zum Glück. Die katholische und die orthodoxe Kirche haben die zwei jüngsten Weisheitsbücher, das *Buch Jesus Sirach* sowie das *Buch der Weisheit Salomos* in den Kanon der Heiligen Schrift integriert. Martin Luther hatte sie zwar in seine Bibelübersetzung aufgenommen und sie in ihrem moralischen Wert gewürdigt, aber er hat sie nicht als kanonisch anerkannt. Das *Buch Jesus Sirach* (in der Vulgata Ecclesiasticus) gehört zu den apokryphen Schriften des Alten Testaments. Es vereinigt eine Sammlung religiös begründeter ethischer Handlungsanweisungen und enthält Betrachtungen über Ursprung und Wesen der Weisheit. Der Verfasser richtet sich vor allem an jün-

[129] Es ist geplant, diese Frage im Zusammenhang mit einem anderen Marienfenster von Chartres aufzugreifen.

gere Menschen, um sie für die Aufgaben des Lebens vorzubereiten. Das Buch Jesus Sirach ist zwischen 180 und 170 v. Chr. in Jerusalem verfasst und wurde um 130 v. Chr. ins Griechische übersetzt.

Im *Buch Jesus Sirach* wird die Sophia charakterisiert.

> *„Alle Weisheit [die Sophia] stammt vom Herrn, und ewig ist sie bei ihm.*
> *Den Sand des Meeres, die Tropfen des Regens und die Tage der Vorzeit, wer hat sie gezählt?*
> *Die Höhe des Himmels, die Breite der Erde und die Tiefe des Meeres, wer hat sie gemessen?*
> *Früher als sie alle ist die Weisheit erschaffen, von Ewigkeit her die verständige Einsicht.*
> *Die Wurzel der Weisheit – wem wurde sie enthüllt, ihre Pläne – wer hat sie durchschaut? Nur einer ist weise, höchste Ehrfurcht gebietend: der auf seinem Thron sitzt, der Herr.*
> *Er hat sie geschaffen, geschaut, gezählt, sie ausgegossen über alle seine Werke.*
> *Den Menschen ist sie unterschiedlich zugeteilt; er spendet sie denen, die ihn fürchten."* (Jesus Sirach 1, 1-10; Einheitsübersetzung)

Auch im *Buch der Sprüche,* dem ältesten der Weisheitsbücher, wird dies zum Ausdruck gebracht. Da spricht die Weisheit-Sophia:

> *„Der Herr hat mich geschaffen im Anfang seiner Wege, vor seinen Werken in der Urzeit; in frühester Zeit wurde ich gebildet, am Anfang, am Ursprung der Erde. Als die Urmeere noch nicht waren, wurde ich geboren, als es die Quellen noch nicht gab, die wasserreichen. Ehe die Berge eingesenkt wurden, vor den Hügeln wurde ich geboren. Noch hatte er die Erde nicht gemacht, nicht die Fluren und alle Schollen des Festlandes. Als er den Himmel baute, war ich dabei, als er den Erdkreis abmaß über den Wassern, als er droben die Wolken befestigte und Quellen strömen ließ aus dem Urmeer, als er dem Meer seine Satzung gab und die Wasser nicht seinen Befehl*

übertreten durften, als er die Fundamente der Erde abmaß, da war ich als geliebtes Kind bei ihm. Ich war seine Freude Tag für Tag und spielte vor ihm alle Zeit. Ich spielte auf seinem Erdenrund, und meine Freude war es, bei den Menschen zu sein." (Sprüche 8, 22-31; Einheitsübersetzung)

Der Verfasser des *Buches der Weisheit*, ein jüdischer Gelehrter in Alexandrien, dem damaligen Hauptort des Hellenismus, und dem Zentrum hellenistischer Wissenschaft, ist ein Kenner der griechischen Philosophie und anerkennt deshalb, dass die Sophia auch in anderen Völkern wirkt und von diesen verehrt wird. Er schreibt das *Buch der Weisheit* etwa zwischen 80 und 30 v. Chr. in griechischer Sprache. Von den griechisch sprechenden Juden der Diaspora wurde es gern gelesen.

Wenn nun Salomo im *Buch der Weisheit* zu Gott spricht: „*Gott der Väter und Herr des Erbarmens, du hast das All durch dein Wort gemacht.*" (Weisheit 19, 1), dann kann dies der Evangelist Johannes in seinem hymnischen Prolog aufgreifen und daran anknüpfen:

„*Im Uranfang war das Wort,*
und das Wort war bei Gott,
und ein Gott war das Wort,
dieses war im Uranfang bei Gott.
Alles ist durch dasselbe geworden,
und außer durch dieses ist auch nicht Eines
von dem Entstandenen geworden..." (Johannes 1, 1-3)

Im Buch der Sprüche wird die Weisheit, die Sophia, mit dem Leben gleichgesetzt: „*Wer mich findet, findet Leben.*" (Sprüche 8, 35) Bei Johannes heißt es über das Wort: „*In ihm war das Leben, und das Leben war das Licht der Menschen.*" (Johannes 1, 4) Später schreibt Johannes in einem Brief: „*Wer den Sohn hat, hat das Leben.*" (1. Johannes, 5, 12)

Origenes, ebenfalls aus Alexandrien stammend, hat Christus als die ganze Weisheit bezeichnet und unterstreicht damit, was die Evangelien lehren. *„Doch die Weisheit wurde gerechtfertigt von ihren Werken her.“*, so heißt es rätselhaft über den Christus etwa bei Matthäus (11, 19), und Johannes nennt die Weisheit *Logos*. Paulus bezeichnet Christus als die *„Weisheit und die Kraft Gottes“* (1. Korinther 24). Es finden sich noch weitere Beispiele solcher Entsprechungen. So ergibt es sich wie von selbst, dass Christus von den meisten Kirchenvätern als die Weisheit Gottes angesehen wurde: Die Weisheit ist der Logos, die Weisheit ist Christus als zweite Person der trinitarischen Gottheit, und die Weisheit ist Sophia.

Maria selbst ist nicht die Weisheit, aber sie bereitet der Weisheit den Thron, sie ist Sitz der Weisheit (lat. *sedes sapientiae*). Die lateinische Tradition formuliert dies sehr genau, dann aber verschmilzt Maria mit der Weisheit, wird ihr ähnlich und kann sie schließlich repräsentieren. So kann Maria auf rätselhafte Weise zur Sophia werden.

Im Urbild der thronenden Madonna mit dem Jesuskind ist die gefühlte Verbindung zur ‚Großen Mutter' wieder hergestellt, wie auch immer sie heißen mag, Inanna bei den Sumerern, Ishtar in Babylon, Astarte in Palästina und Syrien, Artemis in Kleinasien, Diana bei den Römern. Die vorgriechische Cybele wurde den Römern zur ‚magna mater', die Griechen verehrten sie als Demeter und ließen dieselbe von den Römern Ceres nennen, den Ägyptern war sie Isis. Überall wurde sie mit einer Krone dargestellt.

Die wenigen Hinwendungen zu Sophia, die im Westen entstehen, geschehen stets außerhalb der Kirche. Dies ist eine unmittelbare Konsequenz jenes Konzils zu Ephesos, wo Maria zur Theotokos erklärt wurde und damit die alte Muttergottheit abzulösen hatte. Für die aufblühende christliche Kirche war dies ein Gewinn, der freilich zu Lasten der alten Spiritualität ging, einer Spiritualität, die die ‚Große Mutter' noch in Verbindung mit der Gestalt der ewigen Weisheit, also der Sophia, fühlen konnte.

Der Psychologe Erich Neumann hat zeitgleich mit der Bekanntgabe des letzten Mariendogmas durch den Vatikan (*Assumpta-Dogma*; lat. *assumpta* – leibliche Aufnahme in den Himmel) auf diese vergessene andere Seite der alten Muttergottheit aufmerksam gemacht: „Die gebärende Jungfrau, die Große Mutter als Einheit von Mutter und Jungfrau, ist schon früh die Jungfrau mit der Ähre, dem himmlischen Sterngold, das dem irdischen Weizen- und Ährengold entspricht. Diese goldene Ähre ist ein Symbol des Lichtsohnes, der auf unterer Stufe in der Erde und in der Krippe als Korn geboren wird, auf oberer Stufe als unsterblicher Lichtsohn der Nacht am Himmel erscheint. So ist die Jungfrau mit der Spica, der Ähre, und die Fackelträgerin, die Phosphora, identisch mit der Jungfrau, die das Kind trägt."[130] Die Jungfrausymbolik wurzelt in den uralten Astralmythologien der Menschheit. Im Orient war dies am Sternenhimmel lesbar. In der Mitte der Nacht der Wintersonnenwende konnte der Eingeweihte innerlich sehen, wie die Sonne im Steinbock „neu geboren" wird, dann stieg im Osten das Zeichen der Jungfrau auf, nämlich die himmlische Jungfrau.[131]

Die alte Muttergottheit ist die Quelle göttlicher Kraft und Weisheit. So wie sich die Menschheit verändert, so verändert auch diese sich. Ihrer Obhut unterliegen nicht nur Fruchtbarkeit von Mensch und Natur, sondern ebenso der geistige Entwicklungs- und Umwandlungsprozess der Menschheit. In Indien wirkt die Muttergottheit als weiblicher Urgrund des Seins als die Göttin Shakti, in mancher Hinsicht auch als Kali, in Tibet ist sie die lilientragende Tara, im Buddhismus Chinas erscheint sie seit dem 12. Jahrhundert ausschließlich als weibliche Gestalt der Kwan-yin, das Wesen der liebenden und barmherzigen Gnade, in Babylon war es immer schon die Göttin

---

[130] Erich Neumann, Die Große Mutter. Der Archetyp des Großen Weiblichen, Zürich, 1956, S. 296.

[131] Vgl. A. Drews, Der Sternenhimmel in der Dichtung und Religion der alten Völker und des Christentums, Jena, 1923, S. 176.

Ishtar, die als stillende Mutter dargestellt wird.[132] Nach Richard Karutz hat sich das geistige Wissen vom ätherischen Kosmos von Ephesos aus weit nach Osten ausgebreitet und dort die Auffassung der Muttergottheiten gemäß der voranschreitenden geistigen Entwicklung der Menschheit neu impulsiert. „Inniger und tiefer wird das Erlebnis der seelischen Wandlung, des Neuwerdens der Seele, das Herausgebären eines Neuen aus der Seele: Die Imagination des Kindes im Schoße der Mutter entsteht durch die Schau der astralischen Welt als eine seelische Vertiefung und Wiederholung des ätherischen Erlebnisses von der schaffenden zeugenden Sonnenkraft in allem Monden-Erdhaften."[133]

* * *

Es wird noch viele Jahrhunderte dauern, bis die weibliche Sophia in der westlich-christlichen Kultur wieder greifbar wird. Plötzlich lebt sie durch den italienischen Dichter Dante (1265-1321) in der Gestalt der Beatrice seiner *Göttlichen Komödie* als die umgewandelte und personalisierte Göttin Sophia wieder auf.[134] Nach Hildegard von Bingen (1098-1179), die Maria-Sophia „Mutter-Weisheit" nennt, wird sie erst wieder in der Mystik, allen voran bei Jakob Böhme (1575-1624) wichtig. Zu der Zeit, als in den katholischen Kirchen als neues Thema Immaculata-Darstellungen entstanden, hatte sich auch der evangelische Schuhmacher Jakob Böhme mit der Inkarnation der heiligen Weisheit in der Jungfrau Maria beschäftigt: *„Ehe Himmel und Erde geschaffen worden, war Sie eine Jungfrau, und darzu ganz rein ohne einigen Mackel. Und dieselbe reine züchtige Jungfrau Gottes hat sich in Mariam eingelassen in ihrer Menschwerdung, und ist ihr neuer Mensch im heiligen Element Gottes gewesen: darum ist Sie die*

[132] Zum Wesen der Kwan-yin oder Kuan Yin aus geisteswissenschftlicher Sicht hat Richard Karutz echte Pionierarbeit geleistet; Richard Karutz, Maria im Fernen Osten. Das Problem der Kuan Yin, Leipzig, 1925.

[133] Richard Karutz, Maria im Fernen Osten, S. 74.

[134] Vgl. Rudolf Steiner, Das Christliche Mysterium, GA 97; vgl. Andrew Greeley, Maria. Über die weibliche Dimension Gottes, Graz, 1979, S. 158.

Gebenedeyte unter allen Weibern, und der Herr ist mit Ihr gewesen, wie der Engel saget.“[135]

Kurz vor seinem Tod verfasst Jakob Böhme eine kleine Schrift, die eigentlich ein inneres Gespräch der Seele mit der Jungfrau Sophia ist. Auch für Jakob Böhme ist die Sophia, die ihm in der geistigen Schau als Jungfrau erscheint, Christus, genauer: Sophia ist das Wort Christi in der Seele des Menschen.

Man kann sagen, Jakob Böhme hat die Sophia aus dem Mittelalter in die Neuzeit geführt. Dazu hat er noch eine weitere Brücke geschaffen, denn Jakob Böhme ist zum wichtigsten Impulsgeber für die spätere „moderne“ östliche Sophiologie in Russland geworden. Im Westen knüpft Schelling (1775-1854) im Rahmen seiner ersten Vorlesung im Winter 1827/28 ebenfalls an die Idee von Jakob Böhme an, und auch sein Impuls findet wiederum in Russland ein Echo. Den umfassendsten Impuls im Westen erhält die Sophiologie demgegenüber erst rund 300 Jahre nach Jakob Böhme durch die Anthroposophie Rudolf Steiners (1861-1925). Nicht ausschließlich in seiner geistigen Nachfolge, aber doch in der zeitlichen Folge entsteht im 20. Jahrhundert ganz allgemein das Bedürfnis, die weibliche Seite der Spiritualität zu entdecken.[136] Aus der Liturgie der römisch-katholischen Kirche indes-

---

[135] Jacob Böhme, Sämtliche Schriften, Band 2, De tribus principiis oder Beschreibung der Drey Principien göttlichen Wesens (1619), Stuttgart, 1942, Nachdruck Stuttgart, 2/1989, 22/38, S. 380.

[136] Aus der Flut von Publikationen heben sich die folgenden, immer noch allgemein gehaltenen ab: Auf der katholischen Seite erscheint das umfassende Werk von Thomas Schipflinger: Thomas Schipflinger, Sophia-Maria. Eine ganzheitliche Vision der Schöpfung, München, 1988. Hierauf beziehen sich auch die folgenden Bücher. Manfred Krüger gibt einen einführenden Überblick über verschiedene Auffassungen der Sophia von der christologischen Seite, ergänzt mit dem wichtigsten Bildmaterial: Manfred Krüger, Christus-Sophia. Die Weisheit baut sich ihr Haus, Dornach, 2011. Die mariologische Sicht auf die Sophia vertritt Michael Frensch: Michael Frensch, Weisheit in Person. Abendländische Metaphysik und die Perspektive der Sophiologie, Schaffhausen, 2000. Ebenfalls an Rudolf Steiner knüpft Michael Debus in seiner allgemeineren Einführung an. Michael Debus, Maria-Sophia. Das Element des Weiblichen im Werden der Menschheit, Stuttgart, 2000.

sen, wo zu den Marienfesten Texte aus den Weisheitsbüchern gehörten, verschwindet Sophia mit der Liturgiereform von 1969, die diese heiligen Texte zu Gunsten anderer aufgibt, vollständig.[137]

* * *

Eine zentrale Eigenschaft und Fähigkeit der Sophia ist die weisheitsvolle göttliche Schöpferkraft. In Chartres werden wir auf diesen Wesenszug der Sophia vorbereitet, und zwar im Rahmen des Schöpfungsgeschehens im Pilgerfenster, also unmittelbar vor dem Fenster von Mariae Himmelfahrt[138]:

> „*Alle Weisheit [die Sophia] stammt vom Herrn, und ewig ist sie bei ihm.*“ (Jesus Sirach, 1, 1)

> „*Denn die Weisheit [die Sophia] ist beweglicher als alle Bewegung; in ihrer Reinheit durchdringt und erfüllt sie alles. Sie ist ein Hauch der Kraft Gottes und reiner Ausfluss der Herrlichkeit des Allherrschers; darum fällt kein Schatten auf sie. Sie ist der Widerschein des ewigen Lichts, der ungetrübte Spiegel von Gottes Kraft, das Bild seiner Vollkommenheit.*“ (Buch der Weisheit, 7, 24-26)

Der Zusammenhang Schöpfung – Sophia ist in Chartres in einzigartiger Weise augenfällig. Eigentlich ist dies eine modern-byzantinische Stimmung. Um sie besser zu verstehen, werden wir den Blick auf die russische Sophiologie richten, wie sie im Osten erst durch Wladimir Solowjev, Pavel Florenskij und Sergej Bulgakow in der Moderne wieder erlebt und derart in Worte gefasst wurde, dass alte und längst vergessene Glaubensinhalte wieder lebendig und überdies für

---

[137] Die entsprechenden Texte der Lesungen an den Marienfesten nach der alten Liturgie listet Thomas Schipflinger auf. Thomas Schipflinger, Sophia-Maria. Eine ganzheitliche Vision der Schöpfung, S. 235.

[138] siehe Sophia-Janet Aleemi, Die Glasfenster von Chartres, Band 3, Der Mensch als Pilger und der Barmherzige Samariter.

den modernen Menschen gerade auch im Westen fruchtbar werden können. In Russland entsteht Theologie viel mehr von der Seite persönlicher Erfahrung als von Gedankenbildung. Genau die verhilft dazu, ein tieferes Gefühl für die Sophia zu entwickeln. Pavel Florenskij, (1882-1937) ein russischer Physiker und orthodoxer Priester georgisch-armenischer Herkunft, charakterisiert die Sophia:

„Die Sophia ist die große Wurzel der Gesamtheit alles Geschaffenen, das heißt die ganze Schöpfung und nicht bloß alle Geschöpfe. Die Sophia ist der Schutzengel, die ideale Person der Welt, ihr formender (schöpferischer) Grund. (...) Die Sophia ist die ewige Braut des Logos. Sie wird vielfältig in den Ideen der Schöpfung, wozu sie von Ihm (dem Logos, Ihrem Bräutigam) die schöpferische Kraft empfängt. Eine ist sie in Gott, vielfach ist sie in der Schöpfung. Die Gesamtheit dieser Ideen und Bilder (der Schöpfung) ist das wahre Haus Gottes, der heilige Tempel Gottes, die heilige Stadt, das Himmlische Jerusalem.“[139]

Für den russischen Philosophen und Theologen Wladimir Solowjev (1853-1900), der als Kind an einem Himmelfahrtstag zum ersten Mal eine Erscheinung der Sophia erlebte und später noch weitere geistige Begegnungen mit Sophia hatte, ist sie die große Mutter aller Menschen und Wesen. In seinen *‚Vorlesungen über das Gottmenschentum'*[140], die er zu der Zeit hält, da sich die abendländische Menschheit mit ihrem rationalistisch-materialistischen Weltbild bewusstseinsmäßig am Tiefpunkt des Materialismus befindet, arbeitet Solowjev in der geistigen Nachfolge Platons, Plotins, Dionysius Areopagitas und auch Cusanus' eine Menschenlehre heraus, in deren Zentrum Sophia mit durchaus dualistischem Charakter steht. Sophia ist für Solowjev die Seele der Welt oder die ideale Menschheit, *„welche alle einzelnen lebendigen Wesen oder Seelen in sich enthält und durch sich verbindet (...) sie nimmt die vermittelnde Stelle ein zwischen der Vielheit der le-*

---

[139] Pavel Florenskij, zit. n. Thomas Schipflinger, Sophia-Maria. Eine ganzheitliche Vision der Schöpfung, S. 183.

[140] Wladimir Solowjev, Zwölf Vorlesungen über das Gottmenschentum (1878), deutsch von Harry Köhler, Stuttgart, 1921.

bendigen Wesen, welche den realen Inhalt ihres Lebens ausmachen, und der absoluten Einheit der Gottheit, welche das ideale Prinzip und die Norm dieses Lebens darstellt."[141]

„*Als lebendiges Zentrum oder als Seele aller Geschöpfe und zugleich als reale Form der Gottheit*" ist sie gleichzeitig göttliches Wirken und göttliche Wirkung. „*Indem sie teilhat an der göttlichen Einheit und zugleich die ganze Vielheit der lebendigen Seelen aufnimmt, ist die alleinige Menschheit oder die Seele der Welt ein Doppelwesen.*"[142] Sophia als Seele der Welt ist „*die ideale Menschheit, welche alle einzelnen lebendigen Wesen oder Seelen in sich enthält und durch sich verbindet.*"[143] „*Wenn die Weltseele aufhört, alles durch sich zu verbinden, dann verlieren alle Wesen ihre gemeinsame Verbindung und die Einheit des Weltalls zerfällt in eine Vielheit einzelner Elemente, der Weltorganismus verwandelt sich in eine mechanische Gesamtheit von Atomen.*"[144] An einer anderen Stelle präzisiert Solowjev: „*Insoweit sie den göttlichen Logos in sich aufnimmt und durch ihn bestimmt wird, ist die Weltseele die Menschheit – die göttliche Menschheit Christi, der Leib Christi oder die Sophia.*"[145]

In Chartres würde man hier eher von dem göttlichen Wesen der *natura* sprechen wollen. Und selbst Solowjev ruft beim Anblick der berühmten Novgoroder Sophien-Ikone aus: „*Wer ist sie denn, die hier in königlicher Würde auf dem Throne sitzt, wenn nicht die Heilige Weisheit, die wahre, reine und vollkommene Menschheit selbst, die höchste sowohl allumfassende Form als auch lebendige Seele der Natur und des Weltalls, die der Gottheit ewig verbunden ist, sich ihr auch im*

---

[141] Wladimir Solowjev in: Edith Klum, Natur, Kunst und Liebe in der Philosophie Wladimir Solowjews. Eine religionsgeschichtliche Untersuchung, München, 1965, S. 105.

[142] Solowjev zit. n. Edith Klum, S. 105.

[143] Solowjev zit. n. Edith Klum, S. 105.

[144] Solowjev zit. n. Edith Klum, S. 107.

[145] Solowjev zit. n. Edith Klum, S. 106.

zeitlichen Prozess verbindet und alles, was ist, mit ihr verbindet.“[146] Dann geht Solowjev noch einen Schritt weiter: *„Die Sophia ist der Leib des Göttlichen, die vom göttlichen Einheitsprinzipe durchdrungene Stofflichkeit der Gottheit. Der diese Einheit in sich verwirklichende oder in sich tragende Christus ist als vollkommen göttlicher Organismus, der sowohl universell als auch individuell ist, Logos und Sophia zugleich.“*[147]

Die Stofflichkeit der Gottheit, das sind platonisch gesprochen die zur Materie verdichteten Ideen. Die Stofflichkeit der Gottheit ist ägyptisch gesprochen der Schleier der Isis – und ist buddhistisch gesprochen Maya. Aber Solowjev ist so weit nicht gegangen. Bulgakow hingegen denkt durchaus in diesem Sinne. Bulgakow betont, dass Maria die geschaffene, Mensch gewordene Sophia sei und aus genau diesem Grunde in Russland so tief verehrt wurde. Der russische Priester Bulgakow (1871-1944), der sich als Mariologe und Sophiologe profiliert hat, verbindet Sophia mit der Trinitätslehre, wie sie bei und seit dem Konzil in der Hagia Sophia von Konstantinopel 381 formuliert wurde: Die Dreieinigkeit ist **ein** Wesen *(ousía),* tritt aber in drei Erscheinungsformen *(Hypostasen)* auf, sie ist also dreifach personifiziert. Die drei trinitarischen Personen (Gottvater, Gottsohn, Heiliger Geist) sind nicht voneinander trennbar, sondern von einer Substanz, also wesens-eins. Diese Wesenseinheit *(ousía)* sieht Bulgakow als Sophia – nicht als Person Sophia, sondern als Prinzip Sophia. *„In der Sophia sind die Bilder der Schöpfung grundgelegt, die Ideen der Dinge und Wesen, ja sie ist die allumfassende Uridee von allem. Sie ist das Ideal von allem, der integrale Organismus und die ideale Einheit aller Ideen.“*[148]

Für einige russische Sophiologen ist die Sophia sogar in Maria inkarniert. Pavel Florenskij spricht ihr eine ganze Reihe von Attributen der Maria zu: *„Die Sophia ist die personale Jungfräulichkeit, das heißt*

---

[146] Solowjev zit. n. Edith Klum, S. 273.

[147] Wladimir Solowjev, Zwölf Vorlesungen über das Gottmenschentum, S. 145.

[148] Bulgakow, zit. n. Thomas Schipflinger, S. 191.

die Kraft, welche einen Menschen ganz und heil macht. Und diejenige, die diese jungfräuliche Kraft par excellence in sich trägt, ist Maria. Sie ist deshalb die Erscheinung der Sophia, das heißt die Mensch gewordene Sophia."[149]

Man kann den Eindruck haben, dass die russische Sophiologie Sophia stärker mit Maria verbindet. Dennoch ist auch in der russischen Orthodoxie Sophia mit dem Logos verbunden, sie steht in einer ganz besonderen Beziehung zu ihm. In der griechischen Orthodoxie (Byzantinik) wird Sophia ebenso mit Christus identifiziert, man schreibt ihr aber gewissermaßen den weiblichen Aspekt des Christus zu.[150] Somit wird verständlich, dass nicht wenige Kirchen nicht nur Russlands, sondern auch des Ostens der Sophia geweiht wurden. Am berühmtesten ist sicherlich die Hagia Sophia (Heilige Weisheit) von Konstantinopel, die zu Ehren der Maria-Sophia als Theotokos (Gottesgebärerin) errichtet und 360 geweiht wurde.

Immer und überall war es so, dass das Wesen Sophia mehr ahnbar als begreifbar war und sich dem menschlichen Verstand stets entzog. Verbanden es die einen mit Christus, so verknüpften es die anderen mit Maria und legten damit eigentlich zwei Sichtweisen fest. Jede für sich erscheint nachvollziehbar und doch erscheinen sie als unvereinbar. In der heutigen Zeit ist nicht zuletzt durch die Kirchengeschichte selbst das Bewusstsein für das Wesen der Maria verloren gegangen. Noch stärker verloren aber ist das Wesen der Sophia, die ja immerhin noch bis zur Liturgiereform der römisch-katholischen Kirche von 1969 durch das Lesen aus den Weisheitsbüchern an den Marienfesten erwähnt wurde. Wir haben deshalb weit ausgeholt und versucht,

---

[149] Florenskij, zit. n. Thomas Schipflinger, S. 184.

[150] Ein griechisch-orthodoxer Christ empfindet es demgemäß als abwegig, um nicht zu sagen unchristlich, Sophia mit Maria in Verbindung zu bringen. In der Mariengrab-Kirche zu Jerusalem, die sich griechisch-orthodoxe und armenische Christen teilen, wurde ich diesbezüglich laut und deutlich „bekehrt". Obwohl für die griechisch-orthodoxe Kirche Maria gar nicht gestorben, sondern nur eingeschlafen ist, wird ihr Grab gehütet und liturgisch verehrt.

in einem großen Bogen eine gewisse Spurensicherung zu unternehmen. Dabei konnten wir das Wesen der Maria und der Sophia immer wieder ahnend berühren und sind nun vorbereitet für eine erneute und vertiefte Begegnung mit der Maria-Sophia im Chartreser Fenster der Aufnahme Mariens in den Himmel.

* * *

Gemäß der hermeneutischen Lehre von Chartres, die die Fenster der Kathedrale als Schulungsweg begreift, soll nun Mariae Himmelfahrt in den beiden höheren Sinnstufen betrachtet werden. Um einen möglichst weit gefassten Bedeutungsraum zu erschließen, werden wir das, was die mittelalterlichen Gelehrten als *sensus moralis, sensus allegoricus, sensus anagogicus* usw. bezeichnet haben, flexibel zusammenfassen in den entsprechenden übergeordneten Terminus *sensus spiritualis* – den geistigen Sinn. Auch dies ist ein gängiger mittelalterlicher Begriff, der dieses Denken kennzeichnet.[151] Erinnert sei an den bedeutenden Pariser Gelehrten Hugo von St. Victor (um 1097-1141), der über die Bedeutung der Glasfenster schrieb: „*Die Fenster stellen die heiligen Schriften dar, die alles Schädliche fernzuhalten und die Klarheit und Wärme des Sonnenlichtes der göttlichen Gnade in die Seelen der Gläubigen zu senken bestimmt sind. Die Fensteröffnungen weiten sich nach innen aus, zur Verdeutlichung der Wahrheit, dass der mystische Sinn weiter ist und den Literalsinn übertrifft.*“[152]

Betrachten wir als erstes das Fenster in seiner Gesamtheit, um mit den hieran gewonnenen Erkenntnissen seine Themen genauer ins Auge zu fassen.

Das Mariae-Himmelfahrt-Fenster befindet sich im vierten Joch,

[151] Wer sich mit den drei Sinnstufen der Schule von Chartres und des Mittelalters beschäftigt hat, wird sie leicht erkennen können. Wir werden also nur bei oberflächlicher Betrachtung von der bewährten Interpretationsmethode abweichen.

[152] Hugo von St. Victor, zit. n. Joseph Sauer, Symbolik des Kirchengebäudes und seiner Ausstattung in der Auffassung des Mittelsalters, S. 120.

also etwa in der Mitte des rechten Langhauses. Wie in Chartres üblich, liegt auch dem Fensterplan des Mariae-Himmelfahrt-Fensters ein geistiger Plan zugrunde, dessen Spuren in seiner geometrischen Aufteilung, seiner *„Geometrie"*, sichtbar werden. Hier wird bewusst mit Zahlengeheimnissen gearbeitet, wie sie den Chartreser Meistern aus der griechischen Antike bekannt sind. Genaugenommen handelt es sich um Zahlenmeditationen, die mehrere Deutungen zulassen. Wir befinden uns damit innerhalb der Interpretation auf der zweiten Sinnstufe, dem *„sensus moralis"*.

Im Gegensatz zum Pilger-Samariter-Fenster oder auch zum Maria-Magdalena-Fenster treten uns hier keine monumental anmutenden Medaillons entgegen, vielmehr beeindruckt eine gleichmäßige Verteilung der Medaillons in ausgewogener Harmonie. Betrachtet man das Fenster länger in Ruhe, so kann man eine Mitte bildende Achse ausmachen, die in Wirklichkeit noch mehr einem Mitte-Strom von unten nach oben gleicht und von zwei seitlichen Strömen gleichsam einer abstrahierten Ähre begleitet wird. Dieser Mitte-Strom ist rhythmisch gegliedert, dehnt sich in Kreisen aus, und zieht sich in Vierpässen wieder zusammen. Insgesamt sind vier Kreismedaillons, unterbrochen von vier Vierpassmedaillons, übereinander angeordnet. Seitlich schließen sich an die Kreismedaillons halbierte Vierpassmedaillons und an die Vierpassmedaillons halbierte Kreismedaillons an. Dies gibt ihnen einen Halt, der jedoch gleichzeitig eine größtmögliche Offenheit vermittelt, was durch die nach außen hin angeschnitten Seitenmedaillons unterstrichen wird. Auch farblich besteht eine eindrucksvolle Harmonie. Blau, Rot und Weiß sind die Hauptfarben, die durch Grün, Gold und Braun locker ergänzt werden. Alle Szenen bewegen sich vor blauem Hintergrund, während in den Zwischenintervallen streng geometrische florale Formen als kunstvoll gestaltete dekorative Elemente auf rotem Hintergrund dargestellt sind. Eingefasst ist das Fenster durch ein weißes, mit Blattwerk geschmücktes Flechtband, dessen untere Ecken zugunsten von Stifterdarstellungen weichen mussten. Man bemerkt dies aber erst beim zweiten Hinsehen. Die Medaillons sind wie die Flechtbandbordüre ganz regelmäßig von einem roten, einem blauen und einem weißen Band umgeben.

Der zentrale Strom als formales Gestaltungsprinzip deckt sich mit der inhaltlichen Darstellung. Hier werden die einzelnen Szenen der Legende geschildert, in den Randmedaillons werden diese dann begleitet und bezeugt. Im unteren Register werden die Schuhmacher als Stifter dargestellt, im Zwickel erfüllen Engel den ihnen zustehenden Raum. Anders betrachtet besteht das Fenster aus drei senkrechten Reihen sich abwechselnder Medaillonformen oder aus neun waagerechten Registerreihen.

Das Mariae-Himmelfahrt-Fenster umfasst 25 einzelne Medaillonfelder, rechnet man die Stifterdarstellungen in der Bordüre hinzu, sind es 27. Berücksichtigt man noch die beiden angeschnittenen szenenlosen Medaillons im Zwickel, so kommt man insgesamt auf 29 Medaillons. Davon sind fünf mit Stifterdarstellungen besetzt, zwei haben reinen Schmuckcharakter und 22 geben die Geschichte der Aufnahme Mariens in den Himmel wieder.

Je nach Sicht sind es die dreigliedrigen Registerreihen, die dem Betrachtenden als erstes ins Auge fallen, wenn er sich in einer kleinen inneren Anstrengung um eine strukturelle Gliederung des Fensters bemüht. Die Reihen sind immer so gestaltet, dass ein mittleres Medaillon von zwei Seitenmedaillons umgeben ist. Aus der Verbindung von Eins und Zwei ergibt sich die Drei. Bei den Pythagoräern ist die Drei die perfekte Zahl, weil sie Anfang, Mitte und Ende hat. Mit ihr und ihrem Bild des Dreiecks beginnt die Geometrie. Tatsächlich ist die erste Zahl des Raumes die Drei, denn der Raum, in dem wir stehen, ist dreidimensional (vorn-hinten, rechts-links, oben-unten). Entstehen-Gedeihen-Vergehen, darum dreht sich alles in der physischen Welt, es ist das immer Gleiche und beinhaltet noch nichts wirklich Zeitliches. Gewissermaßen überräumlich wird die Drei, wenn man sie geistig zu fassen sucht. Dann wird die Drei zu einer höheren Einheit, sogar einer neuen und höheren Einheit, die sich aus der Verbindung von Eins und Zwei ergeben hat. In der christlichen Tradition steht die Drei vor allem für die Trinität Gottes. Alles Vollkommene äußert sich dreigliedrig. Als man in der frühen Kirchengeschichte um das Wesen der Maria gerungen hatte, war in Wirklichkeit die Frage nach der Trinität die Ursache, die Frage nach Maria war eine sekundäre gewesen.

Wird die Drei potenziert, ergibt dies die Neun, die in der Bibel als die neun Engelhierarchien zu finden sind. Dreimal drei himmlische Sphären gliedern die Himmelswelt. Auch in einer arabischen Legende der Himmelfahrt Mariens wird dies geschildert: Maria wird in drei himmlische Sphären geführt. Im dritten Himmel durchschreitet sie zwölf Tore und sieht dann Christus auf einem strahlenden Thron sitzen. Bei näherem Hinsehen gewahrt sie die Trinität.[153]

In der jüdischen Mystik entspricht die Neun dem Tierkreiszeichen Löwe, es ist das Sonnenzeichen und weist in die Zukunft: *„Der Löwe von Juda kommt siegend gezogen"* – ein Bild für den kommenden Christus. Im Tierkreiszeichen des Löwen ist der Himmelfahrtstag der Maria datiert, nämlich der 15. August. Dieser Tag wird auch in besagter arabischer Legende überliefert. In den Zahlenwert übertragen steht für Sophia die Neun. Damit sind in der Zahl Neun die Himmelssphären mit den Engelhierarchien sowie Christus und Maria miteinander verbunden.

In der Geometrie des Mariae-Himmelfahrt-Fensters steht uns auch die Vier vor Augen: in den vier mittigen Vierpässen als Form an sich sowie in ihrer Vierzahl, und als drittes schließlich in den vier mittigen Kreismedaillons. Im Gegensatz zum Pilger-Samariter-Fenster erscheinen die Vierpassmedaillons nicht als statisch, sondern fügen sich harmonisch in die allgemeine fließende Bewegung des Fensters ein. Die Vier repräsentiert zwar die kosmische Ganzheit und steht

---

153 „Der Transitus Mariae. Auszüge aus einer arabischen Apokryphe", in: Henri Daniel-Rops (Hrsg.), Die Apokryphen Evangelien des Neuen Testamentes, Zürich, 1956, S. 105-114.

im Sinne der vier Himmelsrichtungen schon im alten Orient für die Erde. In diesem Fenster aber geht es nicht in erster Linie um die Erde. Die Erde bildet lediglich den Ausgangspunkt für den Weg in den Himmel. Dies spiegelt sich hier in der auffälligen Rundheit der Medaillons. Diese Rundheit, dieses Strömen heißt im *Hieros Logos,* der heiligen Sage der Pythagoräer, „der ewig strömenden Schöpfung Wurzel und Quell!“[154]

Aus der heiligen Zahl Vier und ihren Formen haben die Griechen mit Lust ihre Mathematik getrieben, eine Mathematik, die in weitem Umfang eine solche des Quadrates ist, dessen rechter Winkel den Namen *gnomon* – Erkenner – erhielt, denn die Griechen wussten, dass sie in ihm über ein Erkenntnisinstrument verfügten.[155]

Die Vier hat darüber hinaus sehr viel mit dem Menschen zu tun. In einem Quadrat (Paradies) kam er ins Dasein (Erschaffung). Sein Weg wird ihn in eine neue Vierheit führen, denn auch das Himmlische Jerusalem hat die Grundfläche eines Quadrates; das Himmlische Jerusalem als Neue Erde. Im Himmlischen Jerusalem wird das Mauermaß als Maß des Menschen und zugleich als Maß des Engels, in dessen Rang der Mensch einst hinaufrücken wird, bezeichnet. Am Ende der Erdenentwicklung wird also der Mensch so weit erhöht sein, dass er das Maß des Engels erreicht haben wird, und das sind besagte 144 Ellen als Höhenmaß und Dickenmaß der Mauer um die quadratische Stadt (Offenbarung 21, 17). Auch in der 144 als der Zahl des erhobenen Menschen und des Engels ist die Neun enthalten, und zwar als Quersumme. Es spielt keine Rolle, ob man die 144 als symbolhaftes Dreieck mit zwei Vierheiten als Basis anordnet

[154] Ernst Bindel, Die geistigen Grundlagen der Zahlen. Eine lebendige Einführung in die Kulturgeschichte der Zahl, Stuttgart, 2003, Nachdruck: Köln, 2011, S. 282.

[155] Ernst Bindel, Die geistigen Grundlagen der Zahlen, S. 281-282; s. auch S. 269 ff., wo Bindel ausführlich auf die Bedeutung des Dreiecks als halbes Quadrat in der Mathematik und Geometrie der Griechen eingeht und seine spirituelle Bedeutung für den Menschen untersucht.

oder als Reihe. Immer steht die Zahl Eins über zwei Vierheiten. Der Mensch an sich ist die Vierheit auf Erden, die beiden Menschen, Mann und Frau, sind nebeneinander miteinander verbunden.[156]

Im Mariae-Himmelfahrt-Fenster tritt nun die Vier dreimal auf. Das bedeutet, dass aus ihrem Produkt Zwölf auch der Bedeutungsinhalt der Zwölf anwesend ist. Das Bild der Zwölf ist das Himmlische Jerusalem. Maria wird es nach ihrer Aufnahme in den Himmel schauen können.

Das Himmlische Jerusalem des Apokalyptikers Johannes hat seine Entsprechung in den alttestamentlichen Visionen des Ezechiel und des Jesajas. Die ganze Stadt ist auf der Zwölfzahl aufgebaut: zwölf Grundsteine mit den Namen der zwölf Apostel des Lammes und dem Schmuck von zwölf Edelsteinen; zwölf Tore mit zwölf Engeln und den zwölf Namen der zwölf Stämme Israels; 12 000 Stadien Seitenlänge und 144 (das ist 12 mal 12) Ellen Mauerhöhe sowie Mauerdicke.[157] In der Mitte steht der Baum des Lebens, der zwölfmal im Jahr Früchte trägt und sie jeden Monat abgibt. (Offenbarung 21)

Wie in der Zwölf die Drei und die Vier mitschwingen, alldieweil die Zwölf das Produkt von Drei und Vier ist, so sind architektonisch die Stadttore angeordnet: Jeweils drei Tore weisen in eine der vier Himmelsrichtungen und damit zur Gesamtheit des Erdkreises. Über allem steht die Zwölfheit des Tierkreises. Die zwölf Edelsteine in den Grundsteinen sind auf den Tierkreis bezogen und schaffen die Verbindung. Die Verbindung auf der pflanzlichen Ebene ist der Baum des Lebens, der zwölfmal im Jahr Früchte trägt. Insgesamt kann man hieran sehen, wie die Zwölf die Zahl des Raumes ist, in dem sich der Mensch orientieren kann.

Die Zwölf steht für das alte Israel mit seinen zwölf Stämmen und

---

[156] Ernst Bindel, S. 300.

[157] 12 000 Stadien sind etwa 2304 Kilometer, 144 Ellen sind etwa 72 Meter.

für das neue Israel mit den zwölf Jüngern Christi. Allegorisch deutet Augustinus die Zwölf als Produkt der vier Evangelien und der Dreifaltigkeit. Eine andere Deutung sieht die Aufgabe der zwölf Apostel darin, Glaube, Liebe und Hoffnung in alle vier Weltrichtungen zu verbreiten. Stets ist die Zwölf Symbolzahl für die Kirche und gleichzeitig für die vollendete Ordnung, die im Tierkreis begründet ist.[158]

In der Zwölf ist der gesamte Kosmos anwesend, und deshalb ist die Zwölf Sinnbild der Heiligkeit und Seligkeit, Empfindungen, die der Mensch haben kann, wenn er in sich das Kosmisch-Geistige zur Lebendigkeit bringt. Insofern ist die Zwölf auch eine Chiffre für Geisterkenntnis, dem großen erklärten Ziel von Chartres.

In den fünf Stiftermedaillons des Mariae-Himmelfahrt-Fensters sind fünfmal die Schuhmacher dargestellt, und zwar in zwei kleinen und in drei großen Medaillonfeldern. Die Fünf ist bei den Griechen die verbindende Zahl in der Zahlenreihe, die sich aus der ersten geraden und der zweiten ungeraden Zahl zusammensetzt: Zwei und Drei. Dies entspricht dem Männlichen und dem Weiblichen und als Gesamtheit der Ehe.

Die Fünf ist die erste Zahl, die geometrisch ausgedrückt innerhalb eines Kreises eine Sternfigur zulässt. Denkt man sich die Fünf im Raum angeordnet, so erhält man das Bild einer Pyramide: Vier Punkte bilden das Quadrat der Basis, der fünfte Punkt bildet die Spitze. Durch ihre Verbindungen entstehen vier dreieckige Seitenflächen. So ist im Bilde der ägyptischen Pyramide das Wissen um die göttlichen Schöpfermächte geronnen. Die Geschöpfe dieser göttlichen Mächte sind in diesem Sinne die Schuhmacher. Sie haben damit Teil am göttlichen Heilsplan, sind also in die göttliche Ordnung so eingeschlossen wie sie in die Fensterordnung eingeschlossen sind – nicht als zu duldende Zugabe, als gekaufte Plätze, sondern als integrativer Teil des großen Ganzen.

---

[158] Vgl. J. Werlitz, Das Geheimnis der heiligen Zahlen, Ein Schlüssel zu den Rätseln der Bibel, München, 2000; Wiesbaden, 2003, S. 285-288.

Der Grieche Pythagoras begegnete dem ägyptischen Mysterienwesen, als dieses sich bereits in seinem Niedergang befand. Er knüpfte an die alten Weisheiten an und schuf ihnen eine neue Sprache. Seine Anhänger verbanden sich sinnigerweise mit dem Bild des Pentagramms als geheimem Zeichen, das als Symbol der zusammengefassten geistig-seelischen Kraft und damit als Symbol für Gesundheit galt. Es liegt im Bild der Fünf, dass dem viergliedrigen Menschen etwas Fünftes zuwächst, das ein Geistiges ist, ein selbstschöpferisches Element. In Bezug auf die Erde bedeutet dies, dass zu den vier Elementen – Erde, Wasser, Feuer, Luft – ein Fünftes hinzugekommen ist: die *quinta essentia* als Lebensträger, wie sie seit Aristoteles genannt wird. Ihre Qualitäten zu entdecken, streben im späteren Mittelalter etwa Paracelsus und die Alchemisten an.

Die Ägypter bezogen neben der Zahl Zehn auch die Fünf auf die Horuswesenheit. Diese galt zugleich dem Horus und seinem Gegenspieler Seth, hatte also eine doppelte Bedeutung.[159] Durch Plutarchs Schrift *Über Isis und Osiris* ist das ägyptische Dreieck in seiner tieferen Bedeutung überliefert. *„Es haben die Ägypter die Natur des Weltalls zunächst unter dem Bilde des schönsten Dreiecks sich gedacht. (…) Dieses Dreieck enthält den aufrecht stehenden Teil von drei Längen, eine Grundlinie von vier Längen und eine Hypotenuse von fünf Längen. (…) Man kann nun die senkrecht stehende Linie mit dem Männlichen, die Grundlinie mit dem Weiblichen, die Hypotenuse mit dem aus beiden Geborenen vergleichen und sonach den Osiris als Ursprung, die Isis als Empfängnis und den Horus als die Geburt denken.*"[160] Ernst Bindel entwickelt diesen Gedanken weiter und bringt ihn auf die Höhe unserer Zeit. „Die an dem Dreieck vorkommende Fünf wird durch Plutarch in einen Zusammenhang mit dem aus dem Männlichen und dem Weiblichen durch die Geburt Hervorgehenden gebracht. Alsdann wird dieser Geburtsvorgang durch Anknüpfung an die Göt-

---

[159] E. Bindel, S. 116.

[160] Plutarch, Über Isis und Osiris, zit. n. E. Bindel, S. 116. Vgl. Plutarch, Über Isis und Osiris, Text, Übersetzung und Kommentar von Theodor Hopfner, Prag, 1940, S. 34.

terdreiheit von Osiris, Isis und Horus gleichsam vergeistigt, so dass man nicht genötigt ist, dabei nur an die physische Geburt zu denken, sondern auch die Freiheit hat, darunter in einem übertragenen, ideellen Sinn jeden Geburtsvorgang zu verstehen. Auch auf die Geburt eines göttlichen Kindes im Menschen, eines neuen, freien Menschen im alten, geschaffenen und noch göttlich gebundenen Menschen, sind die Worte anwendbar."[161]

Die ägyptische Isis ist das geistige Urbild der Maria, der ja die gesamte Kathedrale gewidmet ist. Die Lehrer von Chartres kleideten ihr gesamtes theologisch-philosophisches Bemühen in das Motiv von der Geburt des göttlichen Kindes im Menschen.

Im hebräischen Zahlenalphabet ist der fünfte Buchstabe das *He.* Man vermutet, dass es in der hieroglyphischen Schreibung ursprünglich ein betender Mensch mit erhobenen Armen war. Später wird er der Sprachfähigkeit des Menschen zugeordnet.[162] Die Fünf als Zahl heißt im Hebräischen *CHaMeSch* und drückt das Individuum Mensch aus. Der Mikrokosmos und auch der Heilige Geist schwingen in der qualitativen Bedeutung der Fünf mit.[163] Somit wird die Fünf zur Chiffre für den Menschen als geistiges Wesen.

Im Pilger-Samariter-Fenster sah sich der Betrachter „dem Menschen an sich" gegenübergestellt, denn es war ein individueller Mensch, der damals bei Kapharnaum durch seine Frage nach dem ewigen Leben, also seiner Frage nach Geisterkenntnis, durch Christus die Samariter-Parabel zur Antwort erhalten hatte, aber dieser individuelle Mensch ist zugunsten der dramatischen Geschichte und der damit vermittelten Lehre der Nächstenliebe durch die gesamte Kirchengeschichte hinweg und auch im Fenster von Chartres im Hintergrund geblieben. In der Untersuchung des Pilger-Samariter-Fensters konnten

[161] E. Bindel, S. 116-117.

[162] J. Werlitz, S. 272.

[163] H. Aronstam-Wieser, S. 38.

wir erkennen, dass der Fragende Johannes war. Wir haben diesem Fenster die Aufforderung entnommen, dass es heute an der Zeit ist, mehr noch, dass die Chartreser es bereits an der Zeit fanden, die Aufmerksamkeit nun verstärkt auf den individuellen Menschen als gottsuchendes Wesen zu richten. Die Chiffre Fünf für den Menschen als geistsuchendes Wesen, wie sie sich in der Summe der Schuhmachermedaillons des Mariae-Himmelfahrt-Fensters darstellt, knüpft unmittelbar hier an: Jeder Mensch, auch der Handwerker, ist in seiner tiefen Seele ein Gottsuchender – ein Erkenntnissuchender – und kann zum Johannes werden.

Insgesamt umfasst das Fenster der Aufnahme Mariae in den Himmel 29 Medaillons. 29 Tage hat der synodische Monat, gerechnet von dem einen Erscheinen einer Mondphase bis zu ihrer Wiederkehr. Dies war früher die übliche Länge für einen Monat. Das kosmische Zeichen für Maria ist der Mond, genauer die Mondsichel. Denn in der Offenbarung des Johannes zeigt sich Maria als Himmelskönigin: *„Und ein großes Zeichen erschien im Himmel: eine Frau, mit der Sonne bekleidet, den Mond unter ihren Füßen und über ihrem Haupt eine Krone von zwölf Sternen.“* (Offenbarung, 12, 1) Ganz oben im Mariae-Himmelfahrt-Fenster wird Maria tatsächlich zur Himmelskönigin gekrönt werden.

Die Geschichte der Aufnahme Mariens in den Himmel als formale Gesamtheit des Fensters wird in 22 einzelnen Medaillons erzählt. 22 ist zugleich die Gesamtheit des altsemitischen und auch des altgriechischen Alphabets, bei dem jeder Buchstabe, der ja im eigentlichen Sinne ein heiliges Zeichen ist, einem Zahlenwert entspricht. Kabbalistisch symbolisiert sind sie in den Mandelblüten am siebenarmigen Leuchter des Tempels. In der Gesamtheit der 22 ist die gesamte Welt beschlossen, denn mit der Schrift kann man sie benennen und erfassen. Weil die Buchstaben die Elemente der Wörter und damit der Sprache sind, durch die wir unsere Gedanken bilden, gilt die 22 als das Symbol des Denkprozesses.[164] Dies muss für Chartres ein beson-

[164] Erich Bischoff, Mystik und Magie der Zahlen, 1920, Wiesbaden, 1992, S. 225.

deres Gewicht haben, denn allein durch das Denken kann man zur Weisheit, also zur Sophia, finden.

In der christlichen Kirchensprache bedeutet die Zahl 22 Maria und zugleich *‚rosa mystica'* und damit ‚Rosenkranz'. In den Rosenkranzandachten, die vom Heiligen Dominikus um 1208 in seinem Dominikanerorden eingeführt wurden, ging es um die Meditation der einzelnen Seelenstufen, die den Stationen der Passion des Herrn bis zu seiner Erhöhung im Vater, also im Geiste, entsprachen. Ursprünglich ging es dabei um eine esoterische Vertiefung in die eigene Seele, um dort den inneren Christus finden. Außerdem sollte diese Meditation ein Gebet sein, um überhaupt diese 22 Seelenkräfte zu erlangen und betätigen zu können. Der Rosenkranz, in dem das Geheimnis der zehn Zahlen, der 22 Buchstaben, des Dreiecks, des Vierecks und des Kreises verborgen liegen, wird in diesem Sinne als Metamorphose des „verlorenen Wortes" des Hiram-Abif, des Schöpferwortes, des Logos, interpretiert.[165] Hiermit ist nicht nur ein Hinweis auf das Chartreser Johannes-Fenster gegeben, in dessen Mittelpunkt das Schöpferwort steht.[166] Zwar ist Johannes der Eingeweihte in die Logos-Mysterien, aber Maria ist der Thron des Logos. Und auch Maria hat die Logoskräfte des Christus in sich aufgenommen.

Zur Mutter Maria gehört die Zahl Zehn. Auf die Zehn kommen wir gleich zweimal, wenn wir die seitlichen Medaillons von unten nach oben zählen. Dabei wird freilich von beiden Seiten aus das obere Zwickelmedaillon mitgezählt. Zehn ist nach der Schule von Pythagoras die „allumfassende und allbegrenzende Mutter", denn sie ist die Summe der ersten vier Zahlen 1+2+3+4=10. Graphisch dargestellt bildet dies die Form eines gleichseitigen Dreiecks.

---

[165] Christian Louis Herre, Okkulte Symbolik des 13. Jahrhunderts, Freiburg, 1920, S. 170-171.

[166] Sophia-Janet Aleemi, Die Glasfenster von Chartres, Band 1, Johannes der Evangelist in der Kathedrale von Chartres.

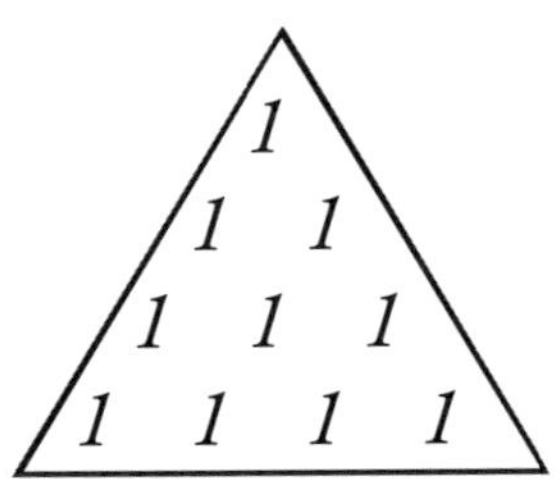

„Für die Pythagoräer heißt das, dass aus dem Urgrund des Seins und der Polarität der Erscheinungen, der dreifachen Wirkung des Geistes und der Vierzahl der Materie (vier Elemente) die umfassende Zehn entsteht, in der nun auf einer höheren Ebene die Vielheit wieder zur Einheit wird."[167] Die pythagoräischen Einflüsse wirken stark auf die Kabbalistik. In der jüdischen Tradition hat die Zehn zentrale Bedeutung, denn die Welt ist gemäß dem Sohar in zehn Worten erschaffen worden. Zehn mal heißt es *‚Gott sprach'* (Genesis 1, 1-2, 4). Somit liegt in der Zehn die Schöpferkraft: der Logos, welcher Sophia ist. Parallel ist die pythagoraeische „allumfassende und allbegrenzende Mutter" zu sehen. Mit ihr hat die Schöpferkraft eine weibliche Seite. Man kann nicht umhin, an die entsprechende Gestalt aus der jüdischen Mystik zu denken, die *schechina*, eine der vier Erzmütter, die als erster Teil der Nacht für die Weiblichkeit Gottes steht, für Gottes Wohnen in der Zeit, aber keiner erkennt sie. Weil *schechina* auch Rachel genannt wird und Rachel „Mutter vom Lamm" bedeutet, ist auch die Mutter des Lammes unerkannt.[168] Die talmudische Tradition, insbesondere die Kabbala, kennt die geheimnisvolle Gestalt der *schechina* und ihren inneren Zusammenhang mit der *Chokma-Sophia* gut.[169]

---

[167] Franz Carl Endres / Annemarie Schimmel, Das Mysterium der Zahl. Zahlensymbolik im Kulturvergleich, München, 9/1984, S. 197.

[168] Zu den jüdischen Erzmüttern vgl. Friedrich Weinreb, GottMutter. Die weibliche Seite Gottes, Weiler, 1990, S. 66 ff.

[169] Gershom Scholem, Von der mystischen Gestalt der Gottheit. Studien zu Grundbegriffen der Kabbala, Frankfurt/M., 1977, S. 135-191. Thomas Schipflinger hat dies in Bezug auf die Sophia ausführlich untersucht, vgl. Schipflinger, S. 239-244.

Nachdem nun durch das Betrachten der Zahlengeheimnisse im Fenster, gemäß der zweiten Sinnstufe, dem *Sensus moralis*, das Denken geweitet wurde und eine gewisse Beweglichkeit erlangt hat, können wir uns erneut den einzelnen Medaillons zuwenden, um sie in ihrer geistigen Bedeutung zu verstehen. Zunächst stellt sich die Frage nach den Stiftern und ihrem Zusammenhang mit dem Fenster.

Medaillon 1-5
Die Stifter

Das Fenster der Himmelfahrt Mariens ist das zweite Fenster von Chartres, das von den Schuhmachern gestiftet wurde. Ihre erste Fensterstiftung befindet sich unmittelbar rechts neben diesem und ist das Pilgerfenster. In jenem ist ein innerer Zusammenhang mit dem Thema des Fensters augenfällig, in diesem Fenster jedoch ist zunächst keine innere Verbindung sichtbar. Rein äußerlich betrachtet, kann man angesichts der finanzstarken Mittel, über die die Schuhmacher offensichtlich verfügten, staunen. Die Schuhmacher hatten in der Pilgerstadt ein sicheres Auskommen, denn die meisten Pilger werden mit zerschlissenem Schuhwerk angekommen sein. So manch einer wird auch neue Schuhe benötigt haben. Wir wissen nicht, wie die Schuhmacher zu Beginn des 13. Jahrhunderts organisiert waren, ob es ein großer Zusammenschluss in der Art einer Gilde war oder ob sich mehrere Gruppen von einzelnen Handwerkern oder Werkstätten gefunden haben. In ihrer Selbstdarstellung in den beiden Glasfenstern spiegelt sich jedenfalls ein eindrucksvolles Selbstbewusstsein.

In Medaillon 1 und Medaillon 2 des Pilgerfensters sahen wir sie bei der Arbeit, einer anstrengenden Handarbeit, die geduckt in bescheidenen Räumlichkeiten ausgeübt wurde. Mit handwerklichem Geschick arbeiten sie im Schweiße ihres Angesichts, um aus den Früchten ihrer Arbeit der Kathedrale ein Fenster zu stiften.

Wenn nun die Schuhmacher von vorneherein beabsichtigten, zwei

Fenster zu stiften, so bot es sich an, damit die innere Verbindung von Kirche und Maria zu unterstreichen und deshalb diese beiden nebeneinanderliegenden Fenster auszuwählen. Durch seiner Hände Arbeit unterstützt der Schuhmacher alle Pilger, die zur Kathedrale von Chartres kommen – und verbindet sich in diesem zweiten Fenster ganz besonders mit Maria, um durch sie am Erlösungsgeschehen teilzuhaben.

In Medaillon 3 des Pilger-Samariter-Fensters präsentiert eine Gruppe von Schuhmachern ihr Geschenk. Es sind sieben Arbeiter dargestellt, als solle in ihrer Siebenzahl die Gesamtheit ihrer Berufsgruppe ausgedrückt werden, schließlich verweist die Zahl Sieben auf eine Gesamtheit. Vielleicht verbirgt sich in der Siebenzahl der Arbeiter ein Hinweis darauf, dass es sich in Chartres tatsächlich um eine einzige Korporation der Schuhmacher handelte. Ein kleiner Hinweis darauf wäre die Erwähnung eines *magisters* der Schuhmacher in der Funktion eines Vorstehers in einem Chartreser Dokument von 1210.[170] Ansonsten gibt es bislang keine historischen Nachweise für eine organisierte Gruppe von Schuhmachern oder gar für eine Zunft oder Gilde.

Handwerker konnten nach mittelalterlichem Weltbild nicht am Erlösungswerk Gottes teilhaben. Einzig durch Buße konnte der Arbeiter Erlösung erringen. Diese Möglichkeit hebt die Vorrangstellung der *vita contemplativa* zur Erlangung der Gotteserkenntnis, welche dem Klerus vorbehalten war, zu Gunsten der *vita activa* der Handwerker auf oder stellt sie vielmehr gleich. Durch seine Tätigkeit *(ars)* als Bußübung kann der Handwerker und Arbeiter Gott ebenso nahe kommen.[171] Letztes Ziel der Arbeit ist nach Thomas von Aquin neben ihren vier unmittelbaren Zwecken – Erwerb des Lebensunter-

---

[170] A. Chédeville, Chartres et ses campagnes, p. 452 und Cartulaire de l'Eau, 1.

[171] Wilhelm Schlink, „Der Stifter schleicht sich in die Heilsgeschichte ein", in: H.–R. Meier, C. Jäggi, P. Büttner (Hrsg.), Für irdischen Ruhm und himmlischen Lohn. Stifter und Auftraggeber in der mittelalterlichen Kunst, Berlin, 1995, S. 207; J. Le Goff, „Arbeit", in: Theologische Realenzyklopädie, Bd. 3, 1978, Sp. 626ff.

halts, Vermeiden von Müßiggang, Zügeln der Begierden und gute Werke vollbringen (Almosen) – an der Vollendung der Welt, die auf Gott hin geordnet ist, mitzuschaffen.[172] In den Fenstern von Chartres hatten die Handwerker eine zusätzliche Möglichkeit, ihren Beitrag zur Vollendung dieser Welt zu leisten und sich selbst darin einen, wenn auch bescheidenen, Platz zu sichern sowie ihr Selbstbewusstsein durch diese Aufwertung zu steigern.

Auch in den fünf Medaillons des Mariae-Himmelfahrt-Fensters (Medaillon 1-5) erscheinen die Schuhmacher bei ihrer Arbeit ausdrucksstark und lebendig. Tatsächlich sind sie, gemeinsam mit ihrem Kunden, der vielleicht ein Pilger ist, die einzigen im Fenster, die Schuhe tragen. Sieht man sich nämlich die dargestellten Figuren im Fenster genauer an, so fällt auf, dass sie keine Schuhe tragen. Apostel und Heilige benötigen keine Schuhe. Als Jesus die siebzig Jünger zur Mission aussandte, wollte er, dass sie ohne Geldbeutel, Tasche und Sandalen gingen (Lukas 10, 4). Später einmal fragte er die Jünger: *„Als ich euch aussandte ohne Geldbeutel, Tasche und Schuhe, habt ihr da irgendetwas entbehrt? Sie sagten: Nichts!“* (Lukas 22, 35) Ist also, wenn Schuhe hier, wo wir es mit Heiligen zu tun haben, so ganz unwichtig sind, das Fenster im gegenteiligen Sinn für die Schuhmacher zu verstehen, wie es Roland Halfen vorschlägt?[173] Mir scheint dies zu kompliziert gedacht. Suchen wir also die Schuhe! Müsste nicht jener Hohepriester, der sich am „Sarg“ der Maria zu schaffen macht, Schuhe tragen? Denn dieser ist sicher kein Heiliger. Die leiblich in den Himmel auffahrende Maria trägt zwar ein Gewand, aber ebenfalls keine Schuhe – sie benötigt sie ja auch nicht. Freilich sollte zu späteren Zeiten genau diese Frage nach ihren Schuhen bei ihrer Himmelfahrt die Gemüter der Theologen erhitzen. Die Chartreser Schuhmacher dachten wahrscheinlich nicht so weit. Für sie war klar,

[172] Wilhelm Schlink nennt dies „ein gerechtfertigtes sozialethisches Anliegen der Kirche (…), Arbeit in all ihren Erscheinungen (…) auf den Sündenfall und den Arbeitsbefehl Gottes zurückzuführen.“ W. Schlink, S. 207.

[173] Vgl. Roland Halfen, Chartres. Schöpfungsbau und Ideenwelt im Herzen Europas, Band 3, Architektur und Glasmalerei, S. 313.

dass sie selbst und alle anderen Pilger Schuhwerk benötigten, wollten sie dem Weg, den Maria vorgab, folgen. Was den Hohepriester betrifft, so wird man an gebührender Stelle eine theologische Erklärung für seinen Barfußgang finden müssen.

Medaillon 6-8
Mariae Entschlafung

Wie eingeschmolzen in kosmisches Blau wird der Tod Marias, der als ein Hinüberschlafen in die andere Welt aufgefasst wird, dargestellt. Es sieht so aus, als seien die Apostel physisch anwesend, aber sind sie es wirklich? Historisch lebten gar nicht mehr alle. Verbirgt sich also hinter der Darstellung der Legende noch eine andere Ebene, eine andere Seinsform? Die rot eingefasste Brücke, auf der die Szene angesiedelt ist, gibt einen Hinweis darauf. Sie bildet die ganz besondere Brücke zwischen sinnlicher und übersinnlicher Welt. Die Farbmeditationen, die Rudolf Steiner den Malern, die einen neuen Impuls für ihr Künstlerisches Schaffen suchten, gab, können uns auch beim Lesen der Chartreser Glasmalerei behilflich sein.[174] Das goldene Sterbebett der Maria ist mit einem üppig und kunstvoll drapierten weißen Tuch bedeckt – Weiß als Glanz des Geistes. Die rote Scheibe unter dem Brückenbogen wollen wir hier einmal als Symbol für die Rose deuten. Rote Rosen sind immer ein Bild für die Verbindung zwischen irdischer und himmlischer Welt.

Die Legende berichtet, dass drei Frauen den Leichnam der Maria versorgten. Diese drei sehen wir in den seitlichen Medaillons (Medaillon 7 und 8). Und siehe da, eine von ihnen, jene rechte im rechten Seitenmedaillon, zeigt die Spitze ihres Fußes. Sie entspricht durch die symmetrische Anordnung der Seitenmedaillons der Frauengestalt ganz links außen. Während diese einen grünen Nimbus hat, trägt jene einen grünen „Schuh". Die Frauen sind nicht in Ausübung ihrer Tätigkeit dargestellt, sondern begleiten in stiller Trauer

[174] Rudolf Steiner, Das Wesen der Farben, GA 291.

das Geschehen. Formal und auch nach mittelalterlicher Deutung im typologischen Sinn entsprechen sie den drei Frauen am Grab Christi. In der vierten Gestalt erkennen wir Maria Magdalena. Die Legende berichtet, dass die Apostel sich zum Hinscheiden der Maria bei ihr versammelt haben. Nach der Auffassung von Chartres gehört Maria Magdalena offensichtlich dazu, denn sie ist *apostola apostolorum*, die erste Apostelin. Sie hier abzubilden ist also nur konsequent und schließt an das Bild vom Wesen der Maria Magdalena, wie es die Chartreser Meister in ihrem Fenster interpretiert haben, an.[175]

Medaillon 9-11
Marientod

Im mittleren Medaillon dieses Registers (Medaillon 9) nimmt Christus von zwei Engeln flankiert die Seele der Maria in Gestalt eines lichtvollen Kindes in Empfang. Die lichtvolle Kindgestalt einer verstorbenen Seele ist eine alte indische übersinnliche Erkenntnis, die als Motiv über die ägyptische Kultur ihren Weg in die mittelalterliche Kunst gefunden hat. Die Szene in diesem Medaillon ist ganz im Übersinnlichen angesiedelt, die Gewänder bewegen sich im Geistwind, während die Figuren frei im Raum schweben. Christus erscheint als Todesbesieger in den Auferstehungsfarben Weiß und Rot. In der Legende heißt es, dass der Herr die Seele der Maria dem Erzengel Michael, dem Hüter des Paradieses und Fürst des hebräischen Volkes, sowie auch dem Erzengel Gabriel übergab. Gabriel begleitet nach altem Wissen jede Seele in das irdische Leben hinein, was im Urbild des Verkündigungsengels Gabriel deutlich zum Ausdruck gebracht ist. In der jüdischen Tradition begleitet Michael die

[175] Vgl. Sophia-Janet Aleemi, Die Glasfenster von Chartres, Band 2, Maria Magdalena in der Kathedrale von Chartres, Stuttgart, 2011. Zweifelsohne war hier derselbe Künstler am Werk wie am Fenster der Maria-Magdalena und auch am Pilger-Samariter-Fenster, sogar am Johannes-Fenster, und man könnte einwenden, er habe eben (nur) solche Gesichter gemalt. Dies verkennt jedoch nicht nur die hohen künstlerischen und technischen Fähigkeiten der Glasmeister, sondern auch die Fähigkeit und die Intention zur Umsetzung bestimmter Gedanken.

Seele in den Tod, schon Abraham wurde sein Tod durch Michael angekündigt. So war es auch für das gesamte Mittelalter Michael, der die Seele als Führer der Toten in das andere Leben hinüberführte. Im Opfergebet der Totenmesse hieß es ausdrücklich *‚Signifer Sanctus Michael repraesentet eas (animas) in lucem sanctam.'*[176] (Du Führer der himmlischen Heerscharen, Heiliger Michael, der du die Seelen aufnimmst ins heilige Licht.) Michael ist also der Engel des Todes. Beide Erzengel geleiten nun Maria über die Schwelle in den Himmel. Im Fenster finden wir jedoch nirgends Erzengel dargestellt, es gibt keine wortgetreue Übertragung der Legende. Mag sein, dass Chartres dieses Motiv bewusst ausgelassen hat. Mag sein, dass es zugunsten eines anderen Motives in den Hintergrund getreten ist. Die dargestellten Engel sind jedenfalls nicht als Erzengel erkennbar.

In Medaillon 9 entsprechen die Engel neben Christus vielmehr den Engeln, die Maria Magdalena am Auferstehungsmorgen im Grab des Christus wahrgenommen hat. Sie gehören unmittelbar zu dem Verstorbenen. Rudolf Steiner erklärt das Auftreten dieser Engel: *„Man sieht diese zwei geistigen Gestalten immer, wenn ein Leichnam längere Zeit da ist. Man sieht auf der einen Seite den Astralleib und man sieht auf der anderen Seite das, was sich nach und nach als Ätherleib loslöst und in den Weltenäther übergeht. Ganz abgesehen vom physischen Leib sind zwei geistige Gestalten da, die der geistigen Welt angehören.“*[177] Mit dieser Darstellung ist im *„sensus anagogicus“*, also im geistigen Sinne, vollständig deutlich gemacht, dass Maria nicht physisch-leiblich, sondern vielmehr als Geistseele in den Himmel aufgenommen wird.

Die Engel in den seitlichen Medaillons (Medaillon 10 und 11) nehmen eine polyvalente Haltung ein, die sie stärker mit dem darunter liegenden Medaillon, das den Tod Mariens zeigt, verknüpfen, weisen sie doch mit jeweils einer Hand dorthin. Gleichzeitig vermitteln sie

---

[176] zit. n. Emile Mâle, S. 331.

[177] Rudolf Steiner, Das Johannes-Evangelium, GA 103, S. 210.

zu den Heiligen, die hinter ihnen stehen. Hier drückt sich eine Fähigkeit aus, die nur Engel haben, nämlich gleichzeitig an mehreren Orten sein zu können und mehrere Handlungen auszuführen. Die Stadtlandschaft, die über ihnen gezeigt wird, ist Bild des Himmlischen Jerusalem als Himmelsort, in welchem die Engel ihre Heimat haben. Beim Engel des rechten Medaillons sind wir irritiert: ist es wieder Maria Magdalena, die diesmal als Engel erscheint?[178]

Marias Todestag und damit ihr Geburtstag im Himmel ist bereits in sehr früher Zeit auf den 15. August gelegt worden. In diesen Abenden in der Augustmitte kann man ein besonderes Geschehen am Sternenhimmel beobachten. Spica, der hellste Stern des Sternbildes Jungfrau, wird am 15. August am frühen Abendhimmel im Nachleuchten des untergehenden Sonnenlichtes sichtbar und verschwindet in ihm. Am 8. September, dem Tag der Unbefleckten Empfängnis Marias, taucht Spica im Schimmer der aufgehenden Sonne wieder auf.[179] Man kann über solche Entsprechungen irdischen und himmlischen Geschehens nur staunen.

Die Kirche hat die *assumpta,* die leibliche Himmelfahrt Mariens, als Dogma mit der Unbefleckten Empfängnis Mariens *(immaculata conceptio)* verklammert. Beide Ereignisse sieht und lehrt sie materiell-stofflich und nimmt billigend in Kauf, dass mit der Vorstellung der Unbefleckten Empfängnis Marias eine die biologischen Gesetze überspringende Empfängnis des Jesuskindes suggeriert wird und Maria lediglich gynäkologisch betrachtet wird. Eine wirklich geistige Dimension dieser Geschehnisse im Anfang und am Ende des Marienlebens existiert nicht, eher treten merkwürdige Phanta-

[178] Wir haben bereits darauf hingewiesen, dass hier derselbe Künstler am Werk war wie am Fenster der Maria-Magdalena und auch am Pilger-Samariter-Fenster, sogar am Johannes-Fenster. Wieder könnte man vermuten, er habe eben (nur) solche Gesichter gemalt, aus welchen Gründen auch immer. Dennoch verkennt dies nicht nur die hohen künstlerischen und technischen Fähigkeiten der Glasmeister, sondern auch ihre Fähigkeit und die Intention zur Umsetzung bestimmter Gedanken.

[179] vgl. A. Drews, Der Sternenhimmel in der Dichtung und Religion der alten Völker und des Christentums.

sien zweifelhafter Provenienz auf, um hier eine Lücke vermeintlich zu füllen. Im starken Kontrast dazu stehen Gedanken, wie sie etwa der moderne chassidische Gelehrte der kabbalistischen und rabbinischen Tradition Friedrich Weinreb (1910-1988) vermittelt hat. Zur Empfängnis Mariens zieht Friedrich Weinreb eine mythische Geschichte über die Erschaffung der Welt heran: *„Da sagt Gott: Du bist meine weibliche Seite, ich nenne dich jetzt Channa* [Hanna; die mythische Geschichte bezieht sich vermutlich auf die Göttin Inanna, die auch als semitische Göttin bekannt ist.], *im Hebräischen das weibliche Wort für Gnade, Anna. Denn du hast ausgesprochen, was keiner meiner Berater, die nur ein Echo meiner Gesetzmäßigkeit waren, sagen konnte. Du hast das Neue ausgesprochen, du bist die Mutterseite, die mir die Gnade eingibt. So kommt der Name der Frau, der Mutter Anna zustande. (…) Gott, der Vater erkennt jetzt seine weibliche Seite, die Gnade, und weiß, dass sie in die Welt, die er zu schaffen vorhat, hinabsteigen muss. Es ist die Welt, die er aus dem Sein, aus dem Sohn schöpft und baut. Und so gibt er ihr eine Eigenschaft der Gnade: den Mutterschoß. Im Hebräischen ist Mutterschoß, Gebärmutter,* ‚rechem', *das gleiche Wort wie Barmherzigkeit,* ‚rachem'. *Damit kann sie der Welt etwas bringen, das alles Unrecht zu tragen, alle Katastrophen zu überdauern vermag. (…) Maria, die Tochter von Anna, wird alles tragen, denn hebräisch* ‚marjam', ‚mirjam' *bedeutet ‚das Bittere der Zeit tragen'. Maria nimmt das Bittere auf sich, das die Zeit der Liebe entgegengesetzt, hervorbringen wird. Maria trägt es, und so wird Jesus geboren, von dem man weiß: Bitter wird es sein. (…) Trotz allem, was kommen kann, was kommen wird: die Gnade, die Liebe siegt. Liebe trägt alles, ist Fundament von allem.*"[180]

Am Anfang des Marienlebens steht nicht nur in der Interpretation Weinrebs die Gnade durch Gott – und am Ende die Gnade durch Christus. So sieht es auch die Kirche. Ein Weg zum Wesen der Maria ist damit immerhin angedeutet.

[180] Friedrich Weinreb, Gottmutter, S. 31-32.

Medaillon 12-14
Trauerzug

Die jüdischen Sterbe- und Bestattungsriten folgten festen Vorgaben und waren sehr aufwendig. Viele Details, das Einsalben des Leichnams mit duftendem Öl, das Einbinden in leinene Tücher, Spezereien als Grabbeigaben, die Verwendung von Myrrhe und Aloe, kennen wir aus den Evangelien. Am Todestag besuchte man die trauernden Angehörigen, um mit ihnen zu weinen und zu trauern. Die ersten drei Tage waren „Tage der Tränen". Die Friedhöfe lagen außerhalb der Stadt. Dorthin wurde der Leichnam offen auf einer Bahre zum Grab getragen. Dabei wechselten sich die Träger häufig ab, damit möglichst viele Männer die Gelegenheit hatten, sich an diesem letzten Liebesdienst zu beteiligen. Auch die Anordnung des Leichenzugs war vorgeschrieben. Je nach Gegend begleiteten Klageweiber und Musikanten die Bahre, entweder ihr unmittelbar voranschreitend oder ihr unmittelbar folgend. Die Trauernden schlossen sich an. Jedem, dem auf der Straße ein Leichenzug begegnete, war es eine Ehrenpflicht, sich anzuschließen, wenn nicht dringlichere Geschäfte ihn abhielten. Es gab öffentliche und private Friedhöfe, letztere waren in Gärten oder Höhlen angelegt. Vornehmere Gräber waren in den Berg eingehauen und besaßen einen Vorraum, in dem die Bahre abgestellt wurde, sowie eine große und etwas tiefer gelegene Grabkammer. Ein schwerer Stein oder ein Tor verschloss den Eingang.[181] In jüngerer Zeit hat man solche Gräber aus der allerersten christlichen Zeit in Jerusalem am Ölberg weit oberhalb von Gethsemane entdeckt und freigelegt.

Die mittelalterlichen Darstellungen greifen diese alten Bestattungstraditionen üblicherweise auf, gleichen sie aber ihren eigenen Vorstellungen an. In Medaillon 12 wird der Leichnam nicht offen auf der Bahre getragen, sondern in einem geschlossenen, gleichwohl blumengeschmückten Kasten. Auf den Schmalseiten befinden sich Reihen von drei Blüten, auf der Längsseite Reihen von neun Blüten.

[181] David Meilsheim, Die Welt des alten Israel, Genf, 1973, S. 135-141.

Es sind Chiffren für die Trinität, für die neun Engelchöre, und für Sophia selbst. Die sechs- und fünfblättrigen sternförmigen Blüten stehen für das Haus David, aus dem Maria stammt, und stehen für den neuen Menschen.

Das Kreismedaillon (Medaillon 12) bildet mit seinen Seitenmedaillons (Medaillon 13 und 14) wieder eine inhaltliche Einheit. So besteht der Leichenzug aus insgesamt zwölf Menschen, was der Anzahl der Apostel entspricht. Gemäß der Legende führt Johannes mit dem Palmenzweig, den der Erzengel der Mutter Jesu gebracht hatte, in der Hand, den Trauerzug an. Petrus trägt den Sarg auf seinem Haupt. Der Palmzweig ist in der jüdischen Bildsprache bedeutsam. Er verweist auf den Lebensbaum im Paradies und ist auch in der christlichen Symbolsprache ein Zeichen des Sieges, ein Zeichen der Gerechten. Dass die Bewegungsrichtung nicht eingehalten wird, also Johannes dem Leichenzug entgegenzukommen scheint, mag zunächst irritieren. Dies ist dem allgemeinen Harmoniegesetz, das in diesem Fenster stark mit Achssymmetrien arbeitet, geschuldet. Es ist hier aber auch ein typologischer Bezug aufgezeigt. Beim Einzug in die Stadt Jerusalem ist Christus vom Volk mit Palmwedeln begrüßt worden. Wenn nun Maria ins Himmlische Jerusalem einzieht, so wird sie zwar dort nicht mit Palmwedeln begrüßt, jedoch wird ihr Weg heraus aus der irdischen Stadt Jerusalem von Johannes mit dem Palmwedel angeführt. Nach der Legende hatte ja der Engel diesen Palmwedel bereitgestellt, und insofern erfüllt Johannes diese Himmelsaufgabe, indem er sie auf der Erde spiegelt. Alldieweil nun Johannes in diesem Medaillon sogar in den Gewandfarben des Christus auftritt, könnte man ihn als stellvertretend für Christus selbst handelnd interpretieren.

Schon bei der ersten Betrachtung dieses Medaillons hat sich gezeigt, dass hier Rätsel verborgen sind, die auf mehreren Ebenen untersucht werden müssen. Auf den ersten Eindruck kann man zwölf Apostel zählen und damit zufrieden sein. Dem Anliegen der Kirche wäre in konventioneller Lesart Genüge getan.

Aber wer ist die markante Gestalt in der Mitte, die, weil ohne Nimbus, doch verunsichern muss? Folgt man den Legenden, erkennt man in ihr eben doch jenen jüdischen Hohepriester, der den Sarg umstürzen und den Leichnam der Maria rauben will. Wir sind heute nicht wenig erschrocken, wenn wir eine solche antijüdische Darstellung sehen. Für mittelalterliche Verhältnisse gab es dafür jedoch keinen Grund. Insbesondere das Hochmittelalter war von immensen christlich-jüdischen Streitigkeiten geprägt, die sich nicht zuletzt in offiziellen theologischen Disputationen auslebten, welche anschließend in höchst subjektiven Streitschriften zusammengefasst wurden. In der Regel ging es dabei um Maria und die Auslegung der Jesaja-Prophetie, welche für die Christen aufgrund der aus ihr hergeleiteten Jungfräulichkeit Mariens zentrale Bedeutung hatte. Hier lagen für beide Seiten die Nerven blank. Jesaja hatte nach griechischer Übersetzung von der „Jungfrau", die schwanger werden wird, gesprochen. Im hebräischen Urtext aber war dort nur von einer jungen Frau die Rede. Die Frage nach der richtigen Übersetzung wurde bereits seit der ersten Bibelübersetzung durch Hieronymus diskutiert. Aber weil schon in der griechischen Fassung der hebräischen Bibel, der Septuaginta, von ‚*parthenos*', dt. Jungfrau, gesprochen wurde, was eine Deutung im Sinne von Jungfrauengeburt begünstigte, und der Evangelist Matthäus sich auf die Septuaginta stützte, blieb es dabei. Im Hochmittelalter nun kam das Thema wieder verstärkt auf, diesmal nicht als innerkirchliche Frage, sondern von außen. Es verschaffte sich ein Ventil, das sich in heftigen christlich-jüdischen Glaubenskämpfen entlud. In der außerordentlich umfangreichen christlich-jüdischen Kontroversliteratur des Mittelalters kreisen die Streitgespräche ständig um dieses Thema. Am Ende entschieden sich die Christen nicht für die Vernunft, sondern beriefen sich auf die Autorität des von Gott inspirierten Evangelisten und damit für die mariologische Interpretation der Jesajas-Prophetie. Man wollte diese Vorstellung eines Wunderzeichens haben und hielt mit aller Kraft daran fest. Wer sich dem widersetzte, galt schließlich als Ketzer. Seit dem 4. Laterankonzil (1215) wurden Zweifel an der Jungfräulichkeit Marias offiziell als Gotteslästerung eingestuft. Vor diesen Zeitereignissen ist auch nachvollziehbar, dass die Widersprüche der beiden Jesusgenealogien aus den Evangelien als obsolet betrachtet werden, denn wenn ohnehin kein Mann im Spiele war, muss auch die Frage seiner Herkunft irrelevant sein.

Auf der Ebene der mittelalterlichen Zeitgeschichte mit ihren höchst emotionalen Glaubenskämpfen und vor dem Hintergrund der Kreuzzüge wird in diesem Fenster eine beispiellos dramatische Bekehrungsgeschichte vorgeführt. Die erste Tat der verstorbenen Maria ist die Bekehrung ihres ärgsten Feindes. Man fasst dies freilich nicht als Vorbildtat für die von Christus gebotene Feindesliebe auf, sondern interpretiert ganz im kirchlichen Sinne. Das größte Übel also vermag Maria zu heilen und in die christliche Gemeinschaft, also in die Kirche, zu integrieren. Als Bekehrter darf der Hohepriester den zentralen Platz innerhalb des Medaillons einnehmen.

Wenn nun also der Sarg der Maria von einem jüdischen Hohenpriester angegriffen wird und ihr Leichnam in Gefahr ist, passt dies in die mittelalterliche Vorstellungswelt. Was aber bedeutet dieses Bild im übertragenen Sinne? Das Wesen der Maria selbst ist in Gefahr. Diese Lesart kann man insbesondere aus heutiger Sicht anwenden. Und sie entspricht durchaus der Realität, denn tatsächlich haben hohe kirchliche Würdenträger in Konzilsbeschlüssen das Wesen der Maria so stark eingeengt und damit verändert, dass sie es für ihre eigenen Interessen nutzen konnten. An diesem Verlust des Wesens der Maria-Sophia für die christliche Spiritualität hat Chartres schmerzlich gelitten. Nicht die Institution Kirche, sondern Maria-Sophia war der eigentliche Weg zu Christus, so haben die Philosophen und Theologen von Chartres es in ihrer Kathedrale gelehrt und sie haben damit einen Impuls für die Zukunft gelegt.[182] Durchsetzen konnte sich Chartres damals nicht. Auch dies sieht man bereits im mittleren Medaillon: der jüdische Hohepriester, durch Petrus, den Vertreter der

---

[182] Vgl. meine kleine Schrift Maria in Chartres – Ein Weg zu Christus, Privatdruck, 2012.

römischen Kirche, bekehrt und auf diesen selbst eingeschworen,[183] jener jüdische Hohepriester wird in die Apostelgemeinschaft aufgenommen und lebt auch in den später folgenden Medaillons in ihr. Noch trägt er keinen Nimbus, aber wie alle Apostel benötigt er schon keine Schuhe mehr. Darüber hinaus wird er in einem Gewand abgebildet, dessen Farben eigentlich dem Christus zustehen: rot und grün – den liturgischen Farben für die Osterzeit. Die verschlüsselte Botschaft ist nicht zu übersehen. Heute können wir im Rückblick ableiten, wie feinfühlend Chartres die Kirchenentwicklung vorausgeahnt und sie dezent im Bild verschlüsselt hat.

Medaillon 15-17

Himmlische Begleitung des Trauerzuges

In der Mitte des Fensters ist eine zentrale Aussage zu erwarten, wir erkennen sie jedoch nicht sogleich. Vielmehr nehmen wir wahr, wie die weihräuchernden Engel im mittleren Vierpassmedaillon sich auf die Darstellung im darunter liegenden Register beziehen, ebenso die begleitenden Menschen in den seitlichen Medaillons. Man kann Medaillon 15-17 als Ergänzung und Begleitung zu Medaillon 12-14 lesen. Besonders deutlich betrifft dies den inneren Zusammenhang zwischen Medaillon 15 und Medaillon 12. Das Vierpassmedaillon stellt das geistige Gegenbild zum darunterliegenden Kreismedaillon dar, in welchem die irdische Seite des Geschehens gezeigt wird. Dies ist ein Gestaltungsprinzip des gesamten Fensters: immer finden wir im mittleren Vierpassmedaillon die geistige Ergänzung zum darunterliegenden Kreismedaillon. Darüber hinaus ist in diesem Register (Medaillon 15-17) jedoch eine eigenständige Geschichte erzählt. Viele Menschen aus der Umgebung Marias haben von ihrem Tod Kenntnis und begleiten das Geschehen auf ihre Art.

---

183 *Und Petrus sprach zu ihm: „Tritt heran, küsse den Sarg und sprich: ‚Ich glaube an Gott und an den Sohn Gottes, Jesus Christus, den Maria in ihrem Schoße getragen hat, und ich glaube an alles, was Petrus, der Apostel Gottes mir gesagt hat.'"*, „Der Transitus Mariae" in: Henri Daniel-Rops, S. 102.

Ob nun das mittlere Medaillon – wie in diesem Fenster üblich – zuerst gelesen werden muss oder die seitlichen, ist nicht eindeutig. Wir sind formal in der Mitte des Fensters angelangt. Der gewohnte Leserhythmus ist plötzlich in Frage gestellt. Die Seitenmedaillons 15 und 16 beziehen sich gleichermaßen auf das darunterliegende Mittelmedaillon (Medaillon 12) wie auf das Mittelmedaillon im selben Register (Medaillon 17). Dieses Auflösen der Regelmäßigkeit erzeugt im Betrachter ein Aufwachen und damit erhöhte Aufmerksamkeit. Was geschieht in diesem zentralen Medaillon? Erstaunlicherweise findet hier überhaupt keine Handlung statt. Gezeigt sind lediglich zwei Engel, die Weihrauchgefäße schwingen. Auffällig ist die antike Corona über den Engeln. Hier hilft die Legende weiter: Während die Apostel den „Sarg" zum Grabe trugen, erschien über diesem „Sarg" ein Wolkenkranz mit den himmlischen Heerscharen, die Hymnen sangen. Neugierig geworden, kam das Volk aus der Stadt herbei. Aus ihnen hatte sich der Hohepriester zornig herausgelöst, um den Sarg umzustürzen. Die Ursache für die Szene im darunter liegenden Register ist also hier in einem knappen Bild angedeutet.

Die Corona aus rosa Blattwerk, das grün hinterlegt ist, steht stellvertretend für den Chor der himmlischen Heerscharen. Sie ist zugleich ein Symbol, das auf die Fortsetzung der Erzählung verweist, ja, diese ankündigt: die Krönung Mariens. Die Corona hat aber auch einen Eigenwert als Zeichen. Zum Bestattungskult alter Kulturen gehörte der Kranzschmuck oft ganz allgemein dazu. Daneben wurden etwa in Griechenland Gottheiten mit Kränzen aus ganz bestimmten Pflanzen geschmückt. Für Aphrodite/Venus und die eleusinische Demeter wählte man Myrte, für Athena Ölzweige. Auch die Artemis der Epheser wurde bekränzt.[184] Insbesondere der Lorbeerkranz hat sich im Laufe des frühen Christentums vom Siegerkranz zum Symbol sittlicher Tugend verwandelt und wurde dann im Mittelalter auf die unversehrte Jungfräulichkeit der Gottesmutter Maria bezogen.

[184] Joseph Engemann, „Kranz (Krone)", in: Reallexikon für Antike und Christentum, Band 21, Stuttgart, 2006; J. R. Harrison, „The fading crown. Divine honour and the early Christians", in: JournTheolStud NS 54 (2003), S. 513-516.

Dass überdies die Corona auch zu Sophia gehört, lernen wir von Salomon: *„Die Weisheit setzt einen Kranz auf das Haupt.“* (Sprüche, 4, 9) Für Chartres ist die Krone ein besonders wichtiges Thema, das im Westportal, dem Königsportal, intensiv ausgearbeitet wird. Der Siegerkranz als Zeichen für den, der überwindet, erhält in der Krone eine weitere zukunftsorientierte Dimension. Nur durch die Überwindung des Niederen kann das Höhere gefunden werden. *„Wer überwindet, dem werde ich zu essen geben vom Baum des Lebens, der im Paradiese Gottes steht.“* (Offenbarung 2, 7) *„Wer überwindet, den werde ich zu einer Säule in meinem Tempel machen.“* (Offenbarung 3, 11) Auch hier ist Maria vorangegangen. Maria hat vollständig überwunden und damit die Voraussetzung erworben, ins Himmelreich einzutreten.

Überwinden hat mit ‚wenden' zu tun. In diesem mittleren Medaillon des Fensters (Medaillon 17), wo eigentlich überhaupt keine Handlung stattfindet, ist die Wende zart und doch gewaltig angekündigt. Der Erzählstrang hält inne, alles Weitere kommt dem Betrachter aus der Zukunft entgegen. Ein freier Geistraum entsteht. Genau in diesem Ruhemoment des Fensters liegt eine Möglichkeit für den Betrachtenden, sich die Frage nach sich selbst, nach seinem Weg nach oben in die geistige Welt zu stellen. Will er weiterschreiten, so muss er sich innerlich erheben. Der Weihrauch, den die Engel verbreiten, mag dem Pilger, dem Geistsucher, bildlich Hilfe sein. Sein niederes Wesen muss er opfern, muss er verbrennen und damit überwinden, und wie der Rauch dann aufsteigt, kann auch seine Seele zu Christus und Maria, ja, zu Gott aufsteigen. Hier klingt bereits die dritte Stufe des Chartreser Schulungsweges als Herausforderung an. Im *„sensus anagogicus“*, kann der Geistsucher die höchste spirituelle Ebene, die Geisterkenntnis erlangen. *‚Anagogé'* heißt „nach oben führen“, bezeichnet aber auch unmittelbar die Betrachtung des Himmlischen, des Geistigen. Die Geisterkenntnis ist das letzte, das höchste Ziel und wird nicht tradiert, sondern muss von jedem Einzelnen immer wieder neu errungen werden.

Medaillon 18-20
Grablegung

Inzwischen ist der Leichenzug am Grab angekommen. Maria wird in einen mit vielen Symbolen geschmückten Sarg umgebettet. Auffallend sind die Farben, die wohl in symbolischer Bedeutung zu lesen sind. Maria selbst ist in hellbraune, weiße und braunrote Tücher gehüllt. Der Sarg ist innen grün ausgeschlagen – „das tote Bild des Lebens“ heißt es für das Grün in den Farbmeditationen Rudolf Steiners. Die Seitenwände des Sarges sind blau und oben sowie unten mit roten geschmückten Steinbändern eingefasst – nach mittelalterlicher Auffassung in diesem Zusammenhang Farben für den Himmel. Unter dem roten Band befindet sich eine grüne Einrahmung, ein grünes Sockelband. In einer eigenartig abstrakten Stilisierung steht dieser Sarkophag auf fünf goldenen Säulen. Seine Vorderseite ist mit drei roten runden Kreisscheiben geschmückt, die wir wieder als Rosen deuten können, sind doch Rosen Symbol für die Verbindung der irdischen mit der himmlischen Welt und zugleich für Maria selbst. In einer arabischen Legende der Himmelfahrt Mariens wird geschildert, wie Maria zunächst in drei himmlische Sphären geführt wird. Im dritten Himmel durchschreitet sie dann zwölf Tore und sieht daraufhin Christus auf einem strahlenden Thron sitzen. Alsdann gewahrt sie die Trinität.[185]

Wenn der Sarkophag nun auf Säulen mit Kapitellabschlüssen ruht, so ist dies auch als Bild für die Kirche anzusehen. Nun ist die Fünf im pythagoräischen Sinne Bild für das Wissen um die göttlichen Schöpfermächte. In einem Dreieck mit den Seitenverhältnissen von 3:4:5 ist in der Fünf die Horuswesenheit repräsentiert. Wir erinnern uns an die Worte des Mathematikers Ernst Bindel: „Die an dem Dreieck vorkommende Fünf wird durch Plutarch in einen Zusammenhang mit dem aus dem Männlichen und dem Weiblichen durch die Geburt Hervorgehenden gebracht. Alsdann wird dieser

[185] „Der Transitus Mariae. Auszüge aus einer arabischen Apokryphe“, in: Henri Daniel-Rops (Hrsg.), Die Apokryphen Evangelien des Neuen Testamentes.

Geburtsvorgang durch Anknüpfung an die Götterdreiheit von Osiris, Isis und Horus gleichsam vergeistigt, so dass man nicht genötigt ist, dabei nur an die physische Geburt zu denken, sondern auch die Freiheit hat, darunter in einem übertragenen, ideellen Sinn jeden Geburtsvorgang zu verstehen. Auch auf die Geburt eines göttlichen Kindes im Menschen, eines neuen, freien Menschen im alten, geschaffenen und noch göttlich gebundenen Menschen, sind die Worte anwendbar."[186] Die Kirche will Hüterin dieses Kindes sein, aber sie vermag es nicht. Maria-Sophia wird in den Himmel auffahren und selbst zur Königin werden. Die Aufgabe des Pilgers wird sein, sie dort zu finden.

Das übrige Kreismedaillon ist vollständig von den Aposteln ausgefüllt. Wieder zeigen sie sich durch Mimik, Gebärde und Haltung von sehr individueller Seite. In der Mitte schwingt einer ein Weihrauchfass, rechts stützt Petrus gemäß der Legende den Kopf der Maria, ohne ihn wirklich zu berühren. Ein anderer Apostel nimmt sie an den Füßen, die auch er nicht wirklich anfasst. *„Doch wagten sie nicht, jenes alleredelste erhabene Gefäß Gottes mit ihren Händen zu berühren, sondern fassten das Gewand zu ihren Seiten und ließen sie also hinab"*, heißt es in der Legenda Aurea.[187] Diese genaue Überlieferung muss eindrucksvoll gewirkt haben und außerdem sehr alt sein, denn die Glasmaler haben sie wörtlich umgesetzt.

Jenes alleredelste erhabene Gefäß Gottes, das ist Maria. In dieser Eigenschaft wird sie zu jenem Sehnsuchtsziel, das die Gralslegenden verfolgen, denn in der Bildsprache der Gralsmysterien ist die Jungfrau, die das Himmelskind gebar, das Urbild der Gralsträgerin. Dieses Urbild hat die Menschheit in Wirklichkeit immer schon begleitet. Geheimnisvolle Gefäße Gottes, Gefäße göttlicher Kraft – als Muttergefäße dargestellt – haben Archäologen überall und in allen Kulturen im Mittelmeerraum, in Kleinasien und im Nahen Osten

---

[186] E. Bindel, S. 116-117.

[187] Jacobus de Voragine, Legenda Aurea; wörtlich: *„Illud sublimissimum Dei vas tangere non audentes…"*

gefunden. In den meisten archäologischen Museen Griechenlands, Zyperns und der Türkei sind solche rätselhaft wirkenden Göttinnengefäße ausgestellt.

Um Maria herum sind in dieser Darstellung 13 Menschen anwesend, was manche Frage aufwirft. Sie haben einen Nimbus, der sie als Apostel kenntlich macht. Aber die Ordnung der Zwölf ist durch den Dreizehnten gestört. Er fällt aus der Ordnung heraus. Sein eigentlich grüner Nimbus ist durch den Zustand des Fensters nur sehr schwer erkennbar und verliert sich fast in seiner schwarzen Einrahmung. Auch sein Gesicht im Profil unterscheidet sich von den Gesichtern der Apostel. Es liegt so gar keine Innerlichkeit in ihm, spitze Nase und spitzes Kinn zeichnen ihn aus. Tatsächlich ist es der bekehrte Hohepriester, der hier in den Apostelkreis aufgenommen wurde. Über dieser Gruppe senkt sich ein Engel hinunter, senkt sich genau über dem Weihrauchgefäß in die Gruppe hinein, nimmt den aufsteigenden Weihrauch und damit die aufsteigenden Gebete auf, um sie nach oben weiterzuleiten.

Die beiden Engel in den seitlich anschließenden hälftigen Vierpassmedaillons sind mit ihren schwingenden Weihrauchfässern und in ihrer ganzen Haltung höchst bewegt, und vermitteln doch einen ruhigen, fast statischen Eindruck. Man erlebt innerlich: Die Himmelswelt ist Sein und Tat zugleich.

ars moriendi…

Wie man „richtig“ stirbt, gehörte zu den wichtigsten „Großen Fragen“ der von Todesfurcht umfangenen Menschen des Mittelalters. Ein Vorbild war in dieser Hinsicht Maria. Chartres hat in den Fenstern des südlichen Langhauses gleich mehrere mögliche Vorbilder angeregt. Als erstes begegnet dem Betrachter der Glasfenster das Hinscheiden des Evangelisten Johannes: aufrecht sitzend lässt er sich mit geöffneten Augen, also bei vollem Bewusstsein, vom Geistlicht aufnehmen. Sein physischer Leib wird bis zur Unsichtbarkeit vollkommen durchlichtet werden. Der Tod der Maria Magdalena im Kreise der Heiligen kennzeichnet ein anderes mögliches Vorbild. Hier liegt die Betonung auf der seelischen Seite. Maria Magdalena stirbt eingebettet und begleitet von der Gemeinschaft ihrer liebsten Angehörigen, die ihr das Sterbesakrament spenden. Dann wird ihre Seele von Christus aufgenommen. Bei Maria, der Mutter Jesu, steht die geistige Seite des Todes in ihrer höchsten Vollendung im Mittelpunkt. In diesem Sinne sind die Bilder zum Marientod, wie sie in Medaillon 6-20 dargestellt sind, als Gesamtheit aufzufassen.

Das Sterben Mariens entwickelt sich im Mittelalter zum allgemeinen Vorbild für die hohe Kunst des Sterbens *(ars moriendi)* frommer Menschen. Marias Beispiel wurde verpflichtend, denn in ihm hat das Sterben eine heilsgeschichtliche Dimension erhalten. Wenn nun in künstlerischen Darstellungen Marias Tod gezeigt wurde, so lag nicht nur der „buchstäbliche Sinn“ des Bildes offen da, sondern der Betrachter stellte, ganz im Sinne des *„sensus moralis“*, der zweiten Sinnstufe im Chartreser Schulungsweg, seinen eigenen Tod in Beziehung zum Marientod.

Drei Tage vor ihrem Tod kündigte der Engel Gabriel Maria ihr Ende an, so konnte sich Maria auf ihren Tod in Freiheit vorbereiten. Daraus hat sich die mittelalterliche Tugend, wissend zu sterben und damit einen guten Tod zu haben, entwickelt. Der Tod konnte vorbereitet werden. Die Apostel versammelten sich um Maria, und auch ihre Angehörigen kamen, um sie gemeinsam zu trösten. Ihre geistdurchdrungene Gegenwart wirkte stark auf sie. Die Apostel psalmodierten fortwährend und bereiteten damit einen besonderen geistigen Raum. Sie hatten auch Lampen angezündet, um den Einfluss böser Mächte zu verhindern. Diese bedeutungsvollen Taten wurde den frühen Christen und stärker noch den frommen Menschen des Mittelalters zur Orientierung für eine angemessene Sterbehilfe. Im Laufe der Zeit entwickelten sie daraus regelrechte Anweisungen für ein gutes Sterben, zu dessen Unterstützung dann auch Maria als helfende Fürsprecherin angerufen wurde. In Mess- und Andachtsbüchern des 14. und

15. Jahrhunderts finden sich Anleitungen für religiöse Übungen, um drei Tage vor dem vorgesehenen Tod darüber unterrichtet zu werden. Mönche, Kleriker und später auch christliche Laien übernahmen die Rolle der Apostel für den Sterbenden. Ihre Aufgabe sahen sie darin, den Sterbenden zum Empfang der kirchlichen Sakramente zu mahnen: Beichte, Eucharistie und Letzte Ölung. Die Angehörigen – man nannte sie Sterbehelfer – sollten ferner den Sterbenden Heiligenlegenden vorlesen, ihnen Gebete vorsprechen, ihnen das Kruzifix vor Augen halten, ihnen aber keine falschen Hoffnungen auf Genesung machen. Die Passionen und Psalmen galten als besonders geeignet, um dem Sterbenden zu helfen. Gerade das Singen der Psalmen hatte eine lange Tradition. In einem Psalmenkommentar des Bischofs Bruno von Würzburg (um 1045) wird ihre Bedeutung für den Sterbenden treffend zusammengefasst: *„Das Singen der Psalmen ruft die Engel zu Hilfe, vertreibt die Dämonen (…) Alles lehrt der Psalter, alles bezeichnet er [in seiner Bedeutung auf den kommenden Christus hin]; alles Böse vernichtet er. Wer den Psalter kennt und liebt, dessen Gebet geht nicht verloren, sondern am Ende [d. h. nach seinem Tod und nach dem Weltgericht] wird er in Freuden bei Gott sein.“*[188]

Aus dem Bild des Marientodes kann man viel über die geistigen Lebensgesetze des Menschen lernen: Drei Tage vor dem Lebensende verändert sich das leiblich-seelisch-geistige Gefüge des Sterbenden. Dies kann in ihm eine Bewusstseinsklarheit hervorrufen, die ihn das nahe Todesereignis erahnen, oder auch wissen lässt. Der erscheinende Todesengel ist ein Bild dafür. Der Sterbende hat nun einen geistigen Raum betreten, den er vorher nicht kannte. In diesem Raum herrschen andere „Gepflogenheiten“, die der Sterbende so noch nie erlebt hat, und denen er durch den Zustand seines veränderten leiblich-seelisch-geistigen Gefüges und dem damit veränderten Bewusstsein schutzlos ausgesetzt ist. Mehr oder weniger schattenhaft erlebt er Dinge, die ihn ängstigen können. Diese Bedrohungen können diffus sein oder konkrete Gestalt annehmen. Maria etwa fürchtet die Begegnung

[188] Bruno von Würzburg, zit. n. Klaus Schreiner, Maria. Jungfrau, Mutter, Herrscherin, München, 1994, S. 481.

mit bösen Geistern und bittet deshalb um Beistand. Es ist die Aufgabe der Angehörigen, dem Sterbenden Schutz und Trost zu gewähren, sie müssen dafür die entsprechenden Mittel finden und ihren Dienst der Sterbebegleitung drei Tage lang durchhalten. Das Mittelalter hat hierfür religiöse Formen entwickelt, die zugleich auch den Sterbehelfern in ihren Nöten halfen und die Religiosität im Allgemeinen stärkten. Demgegenüber tritt heute ein verstärktes Interesse am Sterben als Prozess auf, das sich durch alte Formen weder trösten noch beantworten lässt, wohl aber durch Erkenntnisse über Lebens- und Todesfragen, die geistig gewonnen werden können. Diese neu auftauchenden Fragen gehören zu den Erkenntnisaufgaben unserer Zeit. Der Marientod aus dem Glasfenster von Chartres vermag jetzt, 800 Jahre nach seiner Entstehung, den modernen Menschen Ansporn zu sein, ihre eigenen letzten Fragen zu Leben und Tod neu und mutig zu überdenken.

Medaillon 21-23
Mariae Aufnahme in den Himmel

Mariae Himmelfahrt ist eine unmittelbare Entsprechung zur Himmelfahrt Christi. Formal ist damit die typologische Beziehung erfüllt. Man kann aber bei dieser Feststellung nicht stehen bleiben. Was bedeutet denn die Himmelfahrt Christi? Christus entschwindet nicht in eine für die Menschen unerreichbare Sphäre. Sein dem Tode entrungener Leib lebt nun in der himmlischen Welt, in der Sphäre der schaffenden Urbilder, die ihrerseits in die irdische Welt hineinwirken. Die Menschennatur des Christus ist verwandelt in den Himmel aufgenommen und wirkt verwandelt und verwandelnd von dort zurück in die irdische Sphäre. Es folgt sodann das Pfingstereignis,von dem an die gesamte Menschheit, die gesamte Natur, der ganze Kosmos vom Heiligen Geist durchweht werden.

Die Himmelfahrt der Maria ist die Aufnahme des geläuterten weiblichen Prinzips in die Himmelswelt. Wie wird dies im Fenster umgesetzt? Maria erscheint mit jugendlichem Antlitz in einem weißen

Gewand und blauen Umhang. Sie steht aufrecht in einer roten Mandorla, die von einem weißen lebendigen Band, das an Wolken oder auch Flammen erinnert, umgrenzt ist. Ihre Hände zeigen im ersten Eindruck weniger Orantenhaltung[189], sondern demonstrieren sprechende Aktivität, ähnlich wie ihre im byzantinischen Stil weit geöffneten Augen. Beim zweiten Hinsehen erst fällt auf, dass sie nicht ganz frontal dargestellt, sondern leicht seitlich gedreht ist, was ihr eine besondere Dynamik verleiht. Tatsächlich ist sie klassisch als *Maria orans* dargestellt, ein Typus, wie er seit dem frühen Christentum verwendet wird.[190] Maria betet – und doch scheint sie zu predigen. Sie befindet sich weder eingebunden in einen Handlungsablauf, noch am Ort eines fernen Zieles, sondern genau dazwischen. Maria ist auf dem Weg von der Erde zu Christus. Zwei Engel tragen lauschend die Mandorla, welche die gesamte Vierpasshöhe ausfüllt. Sie umfassen den weißen Lichtsaum der Mandorla von der Seite, mit dem Gesicht jedoch wenden sie sich von Maria ab, als seien sie nicht stark genug, ihr Leuchten auszuhalten. Es ist wirklich ein starker Blick, der da von ihr ausgeht. Wie kaum je an einem anderen Ort sieht sie den Betrachter direkt und persönlich an, als stünde dieser auf Augenhöhe. In der realen Situation der Kathedrale befindet sich dieses Medaillon allerdings weit oben, sodass man es eigentlich nicht wirklich deutlich sieht. Erwartet also Maria, dass sich der Geistessucher in der Versenkung so weit erhebt, dass er ihr Antlitz auf Augenhöhe schaut? Dies wäre allein auf der Ebene des „sensus anagogicus“, also im geistigen Sinne möglich, und wäre damit eine angemessene Aussage für Chartres. Eine Bestätigung erfahren wir durch Alanus ab Insulis, denn in der Tat ist hier die Himmelfahrt der Seele, wie sie der bedeutendste Lehrer von Chartres im *Anticlaudian* beschreibt, realisiert.[191]

---

[189] Haltung mit zum Gebet erhobenen Händen.

[190] Es gibt eine sehr schöne vergleichbare Darstellung einer *Maria orans* aus dem 3. Viertel des 13. Jahrhunderts in der Veitskirche, Mönchengladbach, wo man sich besonders stark mit byzantinischen Motiven auseinandergesetzt hat. Abbildung in: Hans Wentzel, Meisterwerke der Glasmalerei, Berlin, 2/1954, S. 32. Gleichwohl ist die *Maria orans* natürlich kein rein byzantinischer Typ.

[191] Alanus ab Insulis, Der Anticlaudian, übers. von Wilhelm Rath, Stuttgart, 1966.

In den seitlichen angeschnittenen Halbkreismedaillons schwingen in scheinbar symmetrischer Anordnung jeweils zwei Engel Weihrauchfässer zu Maria in der Mandorla hin. Sie stehen wieder auf einem doppelten rot eingefassten blauen Balken, wobei sich das Rot bisweilen bis zum Gold hin aufhellt. Und über ihnen befindet sich eine Stadt mit markantem grünem Stadttor oder Torturm. Alle vier Engel schwingen ihre Weihrauchgefäße mit der rechten Hand. In der rechten Engelsgestalt im linken Seitenmedaillon können wir erstaunlicherweise wieder ohne Mühe Maria Magdalena erkennen. Ihre Gestalt, ihr rötliches Kleid mit weißem Umhang, ihr feines Antlitz sind uns aus dem Maria-Magdalena-Fenster wohl vertraut. Hier jedoch hat sie einen grünen Flügel. Auch im rechten Seitenmedaillon schwingen zwei Engel ihr Weihrauchgefäß in der rechten Hand, während sie hier in ihrer linken Hand eine flache Schale halten. Noch stärker als im linken Seitenmedaillon wirkt nun die Dynamik der Bewegung. Der rechte Engel trägt Antlitz und Gestalt des Evangelisten Johannes, im linken Engel scheint es sich wieder um eine Darstellung der Maria Magdalena zu handeln. Eigenartigerweise schweben sie nicht vollständig im Blau des Himmels, unter ihren Füßen befindet sich das rot eingefasste blaue Band, das einen ganz irdischen Weg kennzeichnet. Freilich sind die Füße durch die Armierung des Fensters nur eingeschränkt sichtbar, aber man hat den Eindruck, dass dies gewollt ist. So wirken diese besonderen Engel förmlich in einem Intervall zwischen Himmel und Erde. Ist damit das zukünftige Reich des Himmlischen Jerusalem gemeint? Da eine strenge Chronologie in diesem Fenster ohnehin nicht befolgt wird, ist daran zu denken. Eine in die Gegenwart hereingeholte Zukunft. Menschen, die einen bestimmten Entwicklungsgrad erreicht haben, übernehmen in der himmlischen Welt neue Aufgaben für die Erde. Es ist bemerkenswert, wie stark die Meister von Chartres die bethanischen Geschwister Maria-Magdalena und Lazarus-Johannes in dieser Medaillonreihe mit Maria verbinden. Dies ist nur durch das Studium der beiden ersten Fenster des Glasfensterzyklus‘ erklärbar. Ein Hinweis mag das letzte an die Mutter und an Johannes gerichtete Wort Christi am Kreuz sein: *„Siehe, deine Mutter. (..) Siehe, dein Sohn.“*

(Johannes 19, 27) Christus stellt Johannes in eine neue Verwandtschaftsbeziehung zu Maria, aus welcher sichtbar wird, dass Johannes der Sohn der Maria, ja Sohn der Maria-Sophia geworden ist, weil in ihm Christus lebt. In der Aufnahme Marias in den Himmel hat sich dieses Wort noch gesteigert. Wer diese Bilder in sich aufnimmt, fühlt die Aufforderung, sich tief mit ihnen zu verbinden. Im Pilger-Samariter-Fenster war in diesem Sinne schon einmal die Aufgabe an den Betrachtenden gegangen, „ein Johannes zu werden“.

Medaillon 24-27
Mariae Krönung

Im mittleren Medaillon (Medaillon 24) sitzt Maria zur Rechten des Christus auf einem Thron. Unter ihrem Gewand lugt voller Absicht ein Fuß hervor. Und dieser ist doch tatsächlich beschuht! Vergleicht man ihren Fuß mit den übrigen dieses Medaillons, so sieht man, dass alle barfüßig sind, alle außer Maria. Marias Schuh indes ist ein ganz besonderer: er besteht aus weißem Licht. Welche Freude müssen die Schuhmacher da verspürt haben!

Der Krönungsthron steht auf einem Sockel, welcher einer starken Mauer mit zwölf Toröffnungen ähnelt. Sicher ein Verweis auf das Himmlische Jerusalem. Abermals fühlen wir uns an die arabische Legende erinnert, nach der Maria im dritten Himmel zwölf Tore durchschritten hat und dann Christus auf einem leuchtenden Thron sitzen sieht, ja die Trinität wahrnimmt. Dieser Sockel also ruht wiederum auf dem doppelt rot eingefassten blauen Balkenband, das in diesem Fenster immer wieder dargestellt ist. Hier aber hellt sich das obere rote Band in weiten Teilen zum Weiß hin auf. Darunter, also in einem gesonderten Bereich, befinden sich diesmal keine kreisrunden Scheiben, sondern vier rote Fenster, die besonders auffallen. Sie verweisen auf die himmlische Welt und schaffen damit für den himmlischen Thron eine Verbindung zur Erdenwelt. Der Form nach handelt es sich hier um Lanzettfenster. Sie beziehen sich ganz konkret auf den Kathedralbau und erinnern gleichsam augenzwinkernd daran, dass wir uns hier im vierten Glasfenster befinden.

Maria hält in ihrer rechten Hand einen goldenen Stab, der an ihre Schulter lehnt. Es ist ein Szepter, das Symbol für ihre Herrschaft als Himmelskönigin. Ihre linke geöffnete Hand weist auf Christus. Christus selbst lässt seinen linken Arm lässig in antik-herrscherlicher Manier auf einer grünen Armlehne ruhen, die ungewöhnlicherweise nur an seiner Seite des Thrones angebracht ist. Mit seiner rechten Hand setzt Christus Maria die Krone auf das Haupt. Christus ist der Logos, ist die göttliche Weisheit. Mit dem Krönungsakt beschließt er den Weg der Maria von der Erde in den Himmel und verleiht ihr gleichsam Göttlichkeit, so wie sie ihm einst als Sitz der Weisheit, als *sedes sapientiae* den Weg auf die Erde bereitet hat. Jetzt ist Maria selbst vollendet die Sophia.

Von oben wird die geistige Seite dieses Geschehens ins Bild gesetzt. Aus einer weißen Wolke, die sich in der Breite über die Häupter der beiden Gestalten ausdehnt und gewissermaßen einen eigenen geistigen Raum darstellt, löst sich der Heilige Geist im Bild einer weißen Taube und richtet einen breiten roten Strahl geistiger Wirkkraft nach links auf Maria und nach rechts auf Christus. Jetzt sind die beiden Ströme der Weisheit, der Sophia, wieder verbunden. Auf einzigartige Weise ist so in Chartres immer wieder das Wirken der göttlichen Weisheit, der Sophia, dargestellt.

Von den Seiten unterstützen zwei Engel mit Spruchbändern die Krönung. Sie sind dem Geschehen vollständig zugewandt, blicken jedoch beinahe in die entgegengesetzte Richtung, der linke zum Engel im linken seitlichen Medaillon, der rechte in die Ferne. Auf ihren Spruchbändern ist zu lesen: „TE DEUM LAUDAM[US]“, 'Wir loben dich, Gott'.

In den seitlichen Medaillons (Medaillon 25 und 26) erscheinen in symmetrischer Anordnung Engel, die wiederum das Zentralgeschehen unterstützend begleiten. Sie haben ihre Hände im Akklamationsgestus zusammengenommen und scheinen mit den Engeln im mittleren Medaillon zu kommunizieren.

Aus dem obersten Medaillon im Zwickel des Fensters (Medaillon 27) senken sich zwei Engel mit goldenen Flügeln aus höchsten Himmelshöhen, die durch weiße Wolken angedeutet sind, herab. Die Darstellung ist so gestaltet, dass man meint, eine hohe Geschwindigkeit wahrzunehmen. Die Engel bringen gemeinsam die Krone für Maria. Betrachtet man das gesamte Fenster, so sind insgesamt neun Engel bei der Begleitung Marias in den Himmel anwesend. Sie repräsentieren damit die neun Engelchöre, die neun himmlischen Hierarchien.

Neben diesem obersten Medaillon befinden sich seitlich stärker angeschnittene Halbkreismedaillons (Medaillon 28 und 29), die wider Erwarten keine Himmelsbewohner aufweisen, sondern stark abstrahierte Symbole: ein goldenes Blattkreuz umrahmt von zwei roten Kreisscheiben oder Kugeln. Bei dem Blattkreuz handelt es sich nicht um unbestimmtes Blattwerk, sondern deutlich um Eichenlaub. Auffallend ist, dass der innere Rand der Medaillons von einem grünen Streifen umgrenzt ist, wodurch sie als eigenständige Medaillonfelder besonders herausgehoben erscheinen. Eine Aufforderung, ihnen mehr Bedeutung beizumessen als die der Dekoration. Die beiden Medaillons korrespondieren inhaltlich mit der Corona, die über den weihräuchernden Engeln in Medaillon 17 erscheint. Eichenlaub dürfte hier ein Element aus der griechisch-römischen Antike sein, das auf Sieg hindeutet, aber auch auf die weibliche Göttin. Im Mittelalter bedeutet Eichenlaub Unsterblichkeit. Alle diese Bedeutungen schwingen hier mit.

In diesem Fenster aber muss das Eichenlaub vor allem als keltisches Element aufgefasst werden, denn in der Spiritualität Chartres leben die keltischen Wurzeln weiter, und bei den Kelten hatte die Eiche, wie wir durch Plinius wissen, herausragende Bedeutung. Plinius schreibt in seiner Naturgeschichte über die Bedeutung der Eichen bei den Kelten: „*Denn nichts halten die Druiden – so nennen sie ihre Magier – für heiliger als die Mistel und den Baum, auf dem sie wächst, sofern es nur eine Eiche ist. Schon von sich aus wählen sie Eichenhaine und vollziehen keine heilige Handlung ohne das Laub dieser [Bäume], so dass es den Anschein haben kann, dass sie in griechischer Deutung davon auch ihren Namen Druiden haben. Sie glauben in der Tat, dass alles, was auf ihnen [den Eichen] wächst, vom Himmel gesandt und ein Zeichen des von Gott selbst erwählten Baumes sei.*“[192] Die Druiden, das sind die Eingeweihten und Lehrer der Kelten. Mit diesem Symbol des Eichenblattkreuzes wird Maria als Eingeweihte und Lehrerin der neuen Religion gekennzeichnet und diese mit der alten keltischen Strömung verknüpft.

Roland Halfen erwähnt, dass es in Chartres Marienkronen mit Eicheln oder Eichenlaub gegeben haben soll, äußert sich darüber jedoch mit Skepsis.[193] Wenn man in der Kathedrale die Eichen sucht, wird man sie allenthalben finden, so etwa im Helm des Südturms, der für diesen Turm die Krone darstellt, oder unter der Königin von Saba im rechten Nordportal, oder als Umkränzung so manchen Schlußsteins, oder, sicher nicht ohne Bedeutung, im Marientympanon des Westportals im Türsturz als Fries aus Eichenlaub über der Darstellungsszene.

Die roten Kugel- oder Kreisgebilde der Medaillons – sie kommen in keinem anderen Fenster in dieser Art vor – haben wir bereits als Rosen gedeutet. Die Bedeutung der Rose ist vielfältig und kreist doch

---

[192] Plinius, Naturalis historiae XVI, 249 (Hrsg. Mayhoff; Zwicker, S. 54; Hrsg. König, Bd. 16, S. 685-690). Zur Bedeutung von sowohl Eiche, Druiden und Mistel siehe Andreas Hofeneder, „Plinius und die Druiden. Überlegungen zu naturalis historia 16, 249-251“ in: Helmut Birkhan (Hrsg.), Kelteneinfälle an der Donau. Akten des 4. Symposiums deutschsprachiger Keltologinnen und Keltologen. Philologische-Historische-Archäologische Evidenzen (Linz/Donau 17.-21.7.2005). Denkschriften der Österreichischen Akademie der Wissenschaften phil. hist. Kl., Band 345, Wien, 2007.

[193] Roland Halfen, Chartres. Schöpfungsbau und Ideenwelt im Herzen Europas, Band 3, S. 32 ff.

immer um die Liebe, den Himmel, das Paradies, Gott und Maria. Im Bericht von der Himmelfahrt Mariae, den die Legenda Aurea wiedergibt, heißt es ausdrücklich, dass die roten Rosen die Chöre der Märtyrer darstellen.[194] Noch ein anderer Aspekt erscheint hier besonders wichtig. Immer wieder nämlich treten in diesem Fenster Rosensymbole auf, insgesamt neun Mal. Damit stehen sie für Maria und Sophia zugleich. Hinter Maria, so lernen wir durch die himmlische Blume, ist Sophia, die göttliche Weisheit, anwesend. Maria ist zur Sophia geworden, hinter der die neun Engelchöre, wie sie im frühen Christentum von (Pseudo-) Dionysios Areopagita beschrieben wurden, stehen. Diese stellen die Fülle der göttlichen Eigenschaften dar.

Es lohnt sich, hier noch einmal die Deutungsperspektive zu wechseln und den Blick auf die Kathedrale als Gesamtheit zu richten. Als Gebäude versinnbildlicht die Kathedrale Maria und Sophia. Ursprünglich sollte sie neun Türme haben, zu deren vollständiger Ausführung es aber nie gekommen ist. Lediglich der nördliche Turm im Westen, der dem Erzengel Michael geweiht ist, sowie der südliche Turm im Westen, dem Erzengel Gabriel geweiht, sind fertig geworden. Im Idealbild jedoch sind die neun Türme da und tragen gewissermaßen in ihrer Mitte die Maria als Himmelskönigin. Nun sind die neun Himmelschöre hierarchisch geordnet, und zwar in drei Hierarchien, die ihrerseits wiederum drei Stufen umfassen. Diese Dreiheit findet sich architektonisch in den drei großen Fensterrosen wieder. Nicht, was sie inhaltlich darstellen ist hier gemeint, sondern ihr Wesen als Fenster zur geistigen Welt, das in eine ganz besondere Form gegossen ist. Durch Hugo von St. Victor haben wir gelernt, dass *„die Glasfenster die geistigen Sinne [sind], durch welche die Seele vom Strahl der wahren Sonne [gemeint ist Christus] erleuchtet und von der Blindheit des Unwissens befreit wird.“*[195] Das Fenster ist also so etwas wie ein inneres Auge, mit dem der Mensch die geistige Welt wahrnehmen kann, ein zur Architektur gewordenes Erkenntnisorgan. Auf noch

---

194 Legenda Aurea, S. 586.

195 Hugo von St. Victor, Sermo in dedicatione ecclesiae II, PL 177, col. 907.

gesteigerte Art drückt sich die göttliche Weisheit in den Rosenfenstern aus, die in besonderer Beziehung zu Christus und Maria stehen. Demgegenüber bezeichnen die Rosen im Fenster der Himmelfahrt Mariens die wahrnehmenden Seelenorgane des Pilgers, wie sie sich auf dem Weg seiner durch innere Aktivität vollbrachten geistigen Entwicklung bilden. Auf diesem gleichsam von Engeln begleiteten Schulungsweg wird das „geistige Kind", das aus der reinen Seele zur Geburt kommen soll, vorbereitet. Im sich zum Schauen steigernden Denken kann der Mensch in Gemeinschaft mit der Hierarchie der Engel treten und Maria wieder finden.

* * *

Für die Kirche bedeutet die Krönung Mariens, dass nun Maria eine neue Aufgabe erhält. Sie wird zur Mitregentin.[196] Damit erhält sie auch die neuen Würdenamen „Herrin" und „Königin", die in den liturgischen Hymnen und Antiphonen zu Klang werden: „Salve Regina", „Ave Regina caelorum", „Regina coeli". Die Vorstellung von der leiblichen Aufnahme Mariens in den Himmel hat ihre Wurzeln in der Spiritualität der Orden. Die ersten Anregungen dazu lieferten die Mönche *Paulus Diaconus* (720/24-ca. 799), *Hinkmar von Reims* (um 806-882) und *Notker Balbulus* (um 840-912).[197] In die Theologie ging diese Vorstellung erst später ein. Dort wurde sie im *Tractatus de Assumptione* vorgestellt und gerechtfertigt.[198] Als Autor vermutet man entweder *Alkuin* (um 730-804) oder den Mönch *Ratramnus* († 868) oder, was als sehr wahrscheinlich gilt, den Bischof *Fulbert von*

[196] Vgl. Katholische Marienkunde Bd. 2, S. 322ff.; Kapitel III: Mitregierende Königin. In der bildlichen Darstellung des Ostens bleibt Maria freilich eine byzantinische Kaiserin, während sie im Westen Himmelskönigin wird.

[197] Leo Scheffczyk, Das Mariengeheimnis in Frömmigkeit und Lehre der Karolingerzeit, Leipzig, 1959.

[198] „Tractatus de Assumptione", in: Migne, Patrologia Latinae, vol. 40, col. 1141-1148.

Chartres (um 960-1028).[199] Insofern dürfen wir Fulbertus, auf dessen Initiative der Vorgängerbau der heutigen Kathedrale zurückgeht, als *spiritus rector* für das Mariae-Himmelfahrt-Fenster betrachten. Die Unterscheidung zwischen der Aufnahme der Seele und der Aufnahme des Leibes in den Himmel spielt selbstverständlich auch für das theologische Ringen in Chartres eine Rolle, sind doch im Fenster diese beiden Schritte klar voneinander getrennt geschildert.

Fulbert von Chartres scheint überhaupt derjenige zu sein, dem die Bekanntheit der apokryphen Erzählungen des Marienlebens im Abendland zu verdanken ist. Am Tag vor der Geburt der Jungfrau las man in manchen Kirchen die entsprechende apokryphe Erzählung entgegen der Vorgabe durch die Kirchenväter den Gläubigen vor. In diesem Zusammenhang sagte Fulbertus einmal mit leisem Zweifel in einer Predigt auf Mariae Geburt: *„Ich würde auch dieses Buch heute vorlesen, wenn es nicht von den Kirchenvätern verworfen worden wäre.“*[200] In einem anderen Sermon auf Mariae Geburt erzählt er gegen alle Gebote seiner Kirchenväter die ganze Geschichte von Anna und Joachim.[201] Durch Fulbertus' Betreiben ist dann wohl auch das apokryphe Marienleben an den Kapitellen beim Marientympanon der Westfassade sowie im Nordportal der Kathedrale entstanden. Nicht zu vergessen ist in diesem Zusammenhang, dass Chartres ja als zweitwichtigste Reliquie das Haupt von Marias Mutter Anna besaß, also allen Anlass für die Darstellung des Marienlebens bot.

---

[199] Vgl. Heinrich M. Köster, Die marianische Spiritualität religiöser Gruppierungen“, in: Beinert / Petri, Handbuch der Marienkunde, S. 462.

[200] Fulbert von Chartres, Sermo IV, Migne, PL, CXLI, zit. n. Emile Mâle, S. 226.

[201] Fulbert von Chartres, Sermo V, Migne, PL, CXLI, zit. n. Emile Mâle, S. 226; ebenso Honorius von Autun, Predigt zur Geburt, in: Spec. Eccles. Patrol. CLXXII, col. 1001, zit. n. Emile Mâle, S. 226. Durch Fulbertus erlangte die Schule von Chartres eine größere Bekanntheit. Auf ihn geht auch der Vorgängerbau der heutigen Kathedrale zurück, der 1194 abgebrannt war. Zu Fulbertus siehe: Roland Halfen, Chartres. Schöpfungsbau und Ideenwelt im Herzen Europas, Band 4; Loren C. MacKinney, Bishop Fulbert and Education at the School of Chartres, Notre Dame/Indiana, 1957.

Fulbertus, so kann man es wohl sagen, war der Wegbereiter für die Darstellung des Marienlebens in Chartres. Mit den neuen Themen musste auch die Liturgie erweitert werden, denn Bilddarstellungen standen stets im Zusammenhang mit der Liturgie. Zahlreiche Hymnen und Gebete an Maria stammen auch tatsächlich von Fulbertus. Neben den neuen liturgischen Texten wurde in Chartres weiterhin auch der 45. Psalm im Morgengottesdienst zu Mariae Himmelfahrt intoniert. Der 45. Psalm ist ein Lied zur Hochzeit des Königs, das als Weisheits- und Liebeslied gesungen wurde. Der königliche Bräutigam verschmilzt hier beinahe mit seinem göttlichen Urbild, das aber erst Jahrhunderte später Wirklichkeit werden sollte. Nicht nur in Chartres wurde der Psalm nun unmittelbar auf Maria bezogen, ja er wurde eigentlich in erster Linie marianisch aufgefasst.

„Mein Herz fließt über von froher Kunde,
ich weihe mein Lied dem König.
Meine Zunge gleicht dem Griffel des flinken Schreibers.
Du bist der Schönste von allen Menschen,
Anmut ist ausgegossen über deine Lippen,
darum hat Gott dich für immer gesegnet.“

Im Psalm ist der König angesprochen. In unserem Fenster ist dies der Christus, der die göttliche Weisheit verkörpert. Die nun folgenden Verse des Psalms übernimmt Paulus in seinem Brief an die Hebräer wörtlich (Hebr. 1, 8-9), bezieht sie aber auf Christus:

„Dein Thron, du Göttlicher, steht für immer und ewig;
das Szepter deiner Herrschaft ist ein gerechtes Szepter.
Du liebst das Recht und hasst das Unrecht,
darum o Gott, hat dein Gott dich gesalbt mit dem Öl der Freude
wie keinen deiner Gefährten.“ (Hebr. 1, 8-9; Psalm 45)

Der König ist nun auch als Gott angesprochen. Neben Christus-Sophia sitzt in diesem Bild, das auch als geistige Himmlische Hochzeit zu deuten ist, die Maria-Sophia auf dem ewigen Thron. Dies entspricht ebenfalls der Beschreibung des Psalmes, der ja ein Hochzeitspsalm ist:

„Die Braut steht dir zur Rechten im Schmuck von Ophirgold."

Nun trägt im Fenster von Chartres nicht Christus das Szepter, sondern Maria, die reine Seele, hält ein Szepter aus Gold in ihrer Hand. In diesem Medaillon sind beide, Maria und Christus, als Herrscher miteinander auf dem ewigen Thron verbunden. Christus ist hier nicht der Sohn der Maria, sondern der Sohn des Vatergottes, so wie er bei der Taufe im Jordan vom Vater gezeugt wurde. Maria ist zur Sophia geworden und ist als Sophia königlich in den Himmel aufgenommen.

Der Psalmvers wird unmittelbar auf Maria bezogen: „*Astitit regina a dextris ejus, in vestitu deaurato.*" (Psalm XLIV, 10) „Die Königin setzt sich zur Rechten in einem goldenen Kleide." Dieser Text wurde in das Offizium der Madonna aufgenommen.[202] Chartres ergänzt den Psalm um ein besonderes Gebet, das seit dem 11. Jahrhundert gesprochen wurde:

Gratia caelestis, reparatrix totius orbis,
Diffusa est labiis, virgo Maria, tuis.
Propterea regum te rex benedixit in aevum.
Et facit a dextris, casta, sedere suis,
Aurea quam fulvo vestis circumdata limbo
Ambit et exornat, riteque condecorat. [203]

Die himmlische Gnade ist deinen Lippen entströmt,
Heilerin des ganzen Erdkreises, Jungfrau Maria.
Deshalb segnete dich der König der Könige für alle Zeiten.
Und ließ dich, du Keusche, zu seiner Rechten sitzen.

---

202 Bibliothèque Sainte Geneviève Paris, Ms. 274, f. 27 (Heures de Notre-Dame).

203 Yves Delaporte, p. 175. Dieses Gebet allerdings stammt nicht von Fulbertus, sondern kommt nach Delaporte wahrscheinlich aus Sens.

Er umgab dein falbenes Kleid mit einem goldenen Saum
und schmückte und ehrte dich mit beidem
gebührend nach heiligem Brauch.[204]

Dieses Gebet greift sinngemäß den Psalm auf. Vor allem aber verrät es, wie diese Himmelskönigin zu aufzufassen ist. Maria wurde gemäß der kirchlichen Lehre seelisch und leiblich in den Himmel aufgenommen. Dies ist im Fenster anschaulich dargestellt – und hier endet die mittelalterliche Konvention. Ein wirkliches Verständnis dieser Darstellung soll Zukunftsaufgabe für den individuell strebenden Geistsucher sein. Die Aufnahme der Seele ist für den modernen Betrachter noch irgendwie nachvollziehbar, wie aber soll man sich die leibliche Aufnahme in den Himmel vorstellen? Physisch als Körper aus Bein und Fleisch sicher nicht, so naiv werden die frühen Christen und die auf dem inneren Weg weiter fortgeschrittenen gebildeten Theologen des Mittelalters nicht gewesen sein. Wie aber konnte die Schwerkraft der Physis aufgehoben werden? Etwas musste geschehen sein, das den Leib der Maria so verwandelt hat, dass er leicht wurde und in die Lichtsphäre eingehen konnte. Ihr Leib musste also Licht geworden sein, denn nur Gleiches kann von Gleichem erkannt werden. Hier greift das Bild aus dem Chartreser Gebet: Maria war in ein falbenes Gewand gehüllt, ihre Leibeshülle war folglich Licht. Und dieser Lichtleib wurde nun von Christus mit einem goldenen Saum versehen, also in Gold gefasst. Gold symbolisiert die Wirklichkeit Gottes! Nicht zuletzt wurde Maria, zu seiner Rechten sitzend, gebührend geschmückt. Dies ist auch der königliche Ornat, die Krönung.

Die Bilddarstellung des Fensters verhüllt diese Erkenntnis. Die Gewänder der Maria zwischen Sterben und Krönung wechseln ständig und es lohnt sich, sie genauer zu betrachten: Rot und Grün mit blauem Schleier, unterschiedliche Brauntöne, Weiß und Blau. Bei der Krönung im Himmel trägt Maria ein braunes Gewand, und das entspricht der Farbbeschreibung im Gebet eher weniger. Der Schlüssel muss in der Bedeutung von ‚*fulvus*' gesucht werden. ‚*Fulvus*' kann

[204] Übers. S.-J. A.

mit dem alten deutschen Wort „falb“ wiedergegeben werden. „Falb“ umfasst das Spektrum von Fahlgelb bis Braun und wird heute eigentlich nur noch für Tiere benutzt, allenthalben findet man dieses Farbspektrum noch in den Blüten der Taglilien (lat. *hemerocallis fulva*), Blüten, die bekanntlich ebenfalls Maria zugeordnet sind. Damit ist die braune Farbe von Marias Kleid äußerlich erklärbar und verständlich. Im Lateinischen indessen ist *‚fulvus'* sehr komplex. Nach dem Lateinischen Wörterbuch von Haas/Kienle bedeutet es rotgelb, dunkelgelb und braungelb. Menge/Güthling nennt dunkelrotgelb, braungelb, braun, bräunlich, rötlich, falb, hochgelb und blond – und weist außerdem daraufhin, dass *‚fulvus'* überhaupt funkelnd, blitzend, schimmernd und blank bedeutet. *‚Fulvus'* zeigt also nicht nur grundverschiedene Farbbereiche auf, zwischen denen sich der Maler entscheiden muss. Zwei völlig unterschiedliche qualitative Bereiche werden durch ein einziges Wort ausgedrückt. Der eine ist sinnlich als Farbton umsetzbar, der andere nicht, denn er beschreibt eine Qualität, die unmittelbar dem Licht entspringt. Darstellbar ist diese Eigenschaft nicht – aber sie ist dennoch vorhanden. Ausschließlich seelisch-geistig ist diese Qualität wahrnehmbar, sodass man sagen kann: Der eigentliche Leib der Maria ist Licht.

Über dem falbenen Kleid trägt Maria einen hochgeschlossenen grünen Umhang, der nur ihren Herzbereich und ihr rechtes Knie bis zum Fuß hin ausspart, also braun oder bräunlich bedeckt sein lässt. Warum ist dieser Mantel grün? Warum zeigt er nicht das Blau des Himmels? Warum nicht das Purpur der Königin? Es scheint hier etwas ausgedrückt zu sein, das nicht jeder sofort lesen können soll. Wir wissen durch Rudolf Steiner, dass geistige Bilder sich dergestalt zeigen, dass die Dinge umgekehrt zu den Erscheinungsformen der physischen Welt auftauchen, also etwa chronologisch rückwärts. Geistig gesehen ist der grüne Mantelumhang dann nicht mehr grün, sondern die Gegenfarbe des Grün, nämlich Gold. Hält man Blattgold gegen das Sonnenlicht, kann man einen Eindruck davon gewinnen: hinter dem Gold erscheint das Grün. Grün ist in den Farbmeditationen Rudolf Steiners „das tote Bild des Lebens“. Auch hiermit ist wieder auf das himmlische Leben der Maria gewiesen. Beide Gewänder der Maria sind also farblich im Gegensinn wiedergegeben. Ihren tiefen Sinn offenbaren sie dem in der Erkenntnissuche weiter fortgeschrittenen Betrachter erst in der Meditation.

Wie Maria zu ihrem Lichtleib gekommen ist, brauchen wir uns in dieser Phase ihres Lebens nicht mehr zu fragen, es ist das Ergebnis ihrer Liebefähigkeit, des sich mit der Christusliebe Durchdrungenhabens, die sie sich im Laufe ihres Lebens erworben hat. Im Gleichnis vom Barmherzigen Samariter hatte Christus von der Liebe gesprochen, die dem Menschen als zu erlernende Fähigkeit notwendig ist, wenn er das ewige Leben erlangen will. Diese selbstlose Liebe ist Maria eigen. Maria hat, nachdem sie so viele Schmerzen überwunden hat, einen reinen, einen geläuterten Seelenleib, durch die innige Verbindung mit dem Christus ist sie vollständig von der Christuskraft durchzogen. Nach einem langen und komplexen Vorbereitungsprozess konnte Maria auf Erden ein angemessenes Gefäß bilden für das Wirken der himmlischen Sophia. Indem sie sich immer stärker mit den Logoskräften des Christus erfüllte, konnte sie ihren Leib – ihre Hüllen – soweit durchlichten, dass dieser in seine himmlische Heimat zurückkehren konnte. Dies ist das auf den Menschen bezogene Bild der „entsündigten Natur", wie es Richard Wagner in seinem Parsifal nennt. In Maria ist Mutter Erde, ist das Geschlecht der Eva geheilt. So ist Maria erst richtig jungfräulich geworden. Vom Heiligen Geist in Gestalt der Taube, aus welcher Strahlen des Geistlichtes ausströmen, wird sie überleuchtet. So wird Maria zur wahren himmlischen Sophia.[205] Auf dem Himmelsthron sitzt sie dem Christus, der wie sie selbst von den roten Lichtstrahlen des Heiligen Geistes überleuchtet wird, in seiner vollen himmlischen Gestalt gegenüber und kann ihn erkennen, weil sie seine Kraft in sich trägt – denn Gleiches kann nur von Gleichem erkannt werden. Maria musste selbst zur Weisheit werden, um als Seele, als Jungfrau Sophia, den Christus zu empfangen, und zwar als Gabe des Heiligen Geistes, der göttlichen

---

[205] Rudolf Steiner bezeichnet sie deshalb als „Jungfrau Sophia, die vom Heiligen Geist überleuchtet wird", vgl. Rudolf Steiner, Das Johannesevangelium, GA 103.

Liebe. Als Jungfrau Sophia kann sie nun Gebärerin des Geistes sein und somit allen Erkenntnissuchenden Vorbild und Helferin auf diesem mühsamen Weg zur Geistgeburt im eigenen Innern werden.

Maria-Sophia hat uns als Betrachtende in nie geahnte Höhen hinaufgeführt, hat uns das göttliche Licht „kosten" lassen und hat einen Keim in jede einzelne Seele gelegt, der den Impuls gibt, selbst diesen Weg einzuschlagen. Jeden, der diesen Weg der Gottsuche geht, wird sie begleiten, denn wer die Weisheit sucht, den wird sie finden: *„Strahlend und unverwelklich ist die Weisheit und mühelos wird sie erschaut von denen, die sie lieben, und gefunden von denen, die sie suchen."* (Weisheit 6, 12)

Jeder Pilger in Chartres ist als Gottsuchender, als Erkenntnissuchender angesprochen. Maria-Sophia will ihm Leitstern sein. *‚De mariam nunquam satis'*, über Maria ist nie genug gesagt, so heißt es im Mittelalter. Schon gar nicht kann man Maria-Sophia in einem Fenster gerecht werden. So zeigt sich dem Geistsuchenden von Chartres, wenn er in der Kathedrale in der Mitte des Labyrinthes, dem irdisch-steinernen Bild für die Geisterkenntnis, steht und den Blick nach rechts zu Maria erhebt, dass er eigentlich drei Fenster gleichzeitig vor Augen hat. Das erste haben wir hier untersucht, das dritte thematisiert den suchenden Menschen, dem Maria in Wundertaten begegnet. Das zweite existiert nicht mehr. Heute befindet sich dort ein anderes schönes Fenster aus der Zeit um 1415. Einstmals aber ist auch hier ein narratives Fenster gewesen, und es wird angenommen, dass es sich thematisch mit dem Erzengel Michael befasst hat. Michael ist der Erzengel, welcher die Seelen in die andere Welt hinübergeleitet. Der Sonnenengel Michael erscheint in der Apokalypse des Johannes als der Schutzherr der Sternenjungfrau, die ebenfalls die Sophia ist. So wurde einst in Chartres dem Ewig-Weiblichen das Ewig-Männliche zugesellt. Der ursprüngliche Plan von Chartres sah also nebeneinander drei Fenster für die göttliche Weisheit vor, zu denen man von diesem besonderen Ort in der Mitte des Labyrinthes aus aufblicken konnte.

Sophia spricht:

Wohl dem Menschen, der nachsinnt über die Weisheit,
der sich bemüht um Einsicht,
der seinen Sinn richtet auf ihre Wege
und auf ihre Pfade achtet. (Jesus Sirach 14, 20-21)

Quellenverzeichnis

Alanus ab Insulis, Der Anticlaudian oder Die Bücher von der himmlischen Erschaffung des Menschen, übers. von Wilhelm Rath, Stuttgart 1966

Aleemi, Sophia-Janet, Die Glasfenster von Chartres, Band 1. Johannes der Evangelist in der Kathedrale von Chartres, Stuttgart 2011

Aleemi, Sophia-Janet, Die Glasfenster von Chartres, Band 2. Maria Magdalena in der Kathedrale von Chartres, Stuttgart 2011

Aleemi, Sophia-Janet, Die Glasfenster von Chartres, Band 3. Der Mensch als Pilger und der Barmherzige Samariter, Stuttgart 2012

Ambrosius, Expos. Evangelium secundum Luc. 2, 7, PL 15

Ambrosius, De institut. virg. 14, PL 15

Apuleius, Der goldene Esel, übersetzt von August Rode, Frankfurt/M. 5/1975

Aronstam-Wieser, Hana, Das hebräische Alphabet und der Tierkreis, Dornach 1993

Assmann, Jan, Ägyptische Geheimnisse, München 2004

Baedekers Jerusalem, Ostfildern/Stuttgart 1987

Bardenhewer, O., Marienpredigten aus der Väterzeit, München 1934

Baumer, Christoph, Frühes Christentum zwischen Euphrat und Jangtse, Stuttgart 2005

Baumer, Franz, Der Kult der großen Mutter. Schauplätze einer mythischen Welt, München 1993

Beierswaltes, Werner (Hrsg.), Platonismus in der Philosophie des Mittelalters, Darmstadt, 1969

Beinert, Wolfgang, / Petri, Heinrich, Handbuch der Marienkunde, Regensburg 1984

Berger, Klaus / Nord, Christiane, Das Neue Testament und frühchristliche Schriften, Frankfurt 5/2001

Bibel – Die fünf Bücher der Weisung. Verdeutscht von Martin Buber gemeinsam mit Franz Rosenzweig, Heidelberg 1981

Die Bibel oder die ganze Heilige Schrift des Alten und Neuen Testaments nach der Übersetzung Martin Luthers, Stuttgart 1972

Die Bibel. Altes und Neues Testament. Einheitsübersetzung, Freiburg 1980

Das Neue Testament in der Übersetzung von Heinrich Ogilvie, Stuttgart 2001

Das Neue Testament. Interlinearübersetzung Griechisch-Deutsch von Ernst Dietzfelbinger, Stuttgart 1986

Das Neue Testament und frühchristliche Schriften, übersetzt und kommentiert von Klaus Berger und Christiane Nord, Frankfurt 2001

Bibliothèque Sainte Geneviève Paris, Ms. 274, f. 27 (Heures de Notre-Dame)

Biblisch-Historisches Handwörterbuch, Göttingen 1966

Billot, Claudine, Chartres à la fin du Moyen Age, Paris 1987

Biedermann, Hartwig, Mutterrecht, Matriarchat, und Mythos, Norderstedt, 2011

Bindel, Ernst, Die geistigen Grundlagen der Zahlen. Eine lebendige Einführung in die Kulturgeschichte der Zahl, Stuttgart 2003; Nachdruck: Köln 2011

Birkhan, Helmut (Hrsg.), Kelteneinfälle an der Donau, Denkschriften der Österreichischen Akademie der Wissenschaften phil. hist. Kl., Band 345, Wien 2007

Bock, Emil, Urchristentum. Kindheit und Jugend Jesu, Stuttgart 1939; Neuaufl. 2009

Böhme, Jakob, Sämtliche Schriften, hrsg. von Will-Erich Peukert, 11 Bände, Stuttgart 2/1989

Böhme, Jakob, Christosophia, Hrsg. Gerhard Wehr, Freiburg 1979

Böttcher, Helmuth M., Die große Mutter. Zeugungsmythen der Frühgeschichte, Düsseldorf 1968

Bulletin de la Société Archéologique d'Eure-et-Loir, Chartres 1973

Bulteau, Marcel-Joseph, Monographie de la Cathédrale de Chartres, 3 vol., Chartres 1887-1892

Burrow, Millar, Mehr Klarheit über die Schriftrollen, München 1958

Challine, Charles, Recherches sur Chartres, Transcrites et annotées par un arrière-neveu de l'auteur, Chartres 1918

Chédeville, André, Chartres et ses campagnes. XIè-XIIIè siècle, Paris 1973

Daniel-Rops, Henri (Hrsg.), Die apokryphen Evangelien des Neuen Testamentes, Zürich 1956

Debus, Michael, Maria-Sophia. Das Element des Weiblichen im Werden der Menschheit, Stuttgart 2000

Delaporte, Yves, Les Vitraux de la Cathédrale de Chartres, Chartres 1926

Denzinger, Heinrich / Hünermann, Peter, Kompendium der Glaubensbekenntnisse und kirchlichen Lehrentscheidungen, Freiburg 37/1991; erw. 43/2010

Drews, A., Der Sternenhimmel in der Dichtung und Religion der alten Völker und des Christentums, Jena 1923

Emmerich, Anna Katharina, Leben der heiligen Jungfrau Maria, Aschaffenburg, 5/1978.

Euzet, Joseph, Lazariste, Historique de la Maison de la Sainte Vierge près d'Ephèse, Istanbul 1961

Endres, Franz Carl / Schimmel, Annemarie, Das Mysterium der Zahl. Zahlensymbolik im Kulturvergleich, München 9/1984

Fischer, Helmut, Maria im Verständnis der Kirchen und die Gottesmutterikone, Petersberg 2006

Frensch, Michael, Wie öffnet sich das Grosse Portal? Betrachtungen zum Portail Royal der Kathedrale Notre Dame de Chartres, Schaffhausen 2000

Frensch, Michael, Weisheit in Person. Abendländische Metaphysik und die Perspektive der Sophiologie, Schaffhausen 2000

Fulbert von Chartres, Sermo IV, PL CXLI

Fulbert von Chartres, Sermo V, PL CXLI

Gorys, Erhard, Das Heilige Land, Köln 1984

Greeley, Andrew, Maria. Über die weibliche Dimension Gottes, Graz 1979

Gschwind, K., Der ephesische Johannes und die Artemis Ephesia, Basel 1965

Guibert von Nogent, De vita sua, PL 156

Guibert von Nogent, Die Autobiographie, Berschin, Walter / Wilhelm, Elmar (herausgegeben, übersetzt und kommentiert), Stuttgart, 2012

Haag, Herbert / Kirchberger, Joe H. / Sölle, Dorothee / Ebertshäuser, Caroline H., Maria. Kunst, Brauchtum und Religion in Bild und Text, Freiburg 1997

Halfen, Roland, Chartres. Schöpfungsbau und Ideenwelt im Herzen Europas, Band 2. Die Querhausportale, Stuttgart 2003

Halfen, Roland, Chartres. Schöpfungsbau und Ideenwelt im Herzen Europas, Band 3. Architektur und Glasmalerei, Stuttgart 2007

Halfen, Roland, Chartres. Schöpfungsbau und Ideenwelt im Herzen Europas, Band 4. Die Kathedralschule und ihr Umkreis, Stuttgart 2011

Hennecke, Edgar / Schneemelcher, Wilhelm. Neutestamentliche Apokryphen in deutscher Übersetzung, 2 Bände, Tübingen, 3/1959

Henze, Clemens, Meryem Ana, Würzburg 1961

Hermes Handlexikon. Päpste und Konzilien. (Hrsg. Hubert Stadler), Düsseldorf 1983

Herre, Christian Louis, Okkulte Symbolik des 13. Jahrhunderts, Freiburg 1920

Hugo von St.Victor, PL

Jacobus de Voragine, Legenda Aurea, Gerlingen, 11/1993

Jantzen, Hans, Kunst der Gotik. Klassische Kathedralen Frankreichs. Chartres, Reims, Amiens, Hamburg 1968

Joly, Roger, Histoire de Chartres, Le Coteau 1982

Journal of Theological Studies, NS 54 (2003)

Jugie, M., La mort et l'assomption de la sainte vierge, Rom 1944

Jungmann, Joseph Andreas S. J., Missarum Sollemnia, Bd. II, Wien 1948

Karutz, Richard, Maria im Fernen Osten. Das Problem der Kuan Yin, Leipzig 1925

Katholische Marienkunde (Hrsg. Paul Sträter), Band 2. Maria in der Glaubenswissenschaft, Paderborn 1947

Kemp, Wolfgang, Sermo Corporeus, Die Erzählung der mittelalterlichen Glasfenster, München 1984

Klum, Edith, Natur, Kunst und Liebe in der Philosophie Wladimir Solowjews. Eine religionsgeschichtliche Untersuchung, München 1965

Kopp, Clemens, Das Mariengrab. Jerusalem? Ephesos?, Paderborn 1955

Krause-Zimmer, Hella, Die zwei Jesusknaben in der bildenden Kunst, Stuttgart 1969; 3. erw. Aufl. 1986

Krause-Zimmer, Hella, Was geschah in Bethlehem? Das Rätsel der doppelten Weihnachtsgeschichte, Dornach 2011

Krause-Zimmer, Hella, Erdenkind und Weltenlicht. Spirituelle Motive in Weihnachtsdarstellungen, Stuttgart 1979

Krüger, Gustav, Sammlung ausgewählter kirchen- und dogmengeschichtlicher Quellenschriften, Tübingen 1891

Krüger, Gustav, Das Dogma von der Dreieinigkeit, Tübingen 1905

Krüger, Manfred, Christus-Sophia. Die Weisheit baut sich ihr Haus, Dornach 2011

Kunstmann, Pierre, Miracles de Notre-Dame de Chartres de Jean le Marchant, Ottawa 1973

Lexikon der Christlichen Ikonographie, Freiburg, 1972

Mâle, Emile, L'Art religieux du XIIIè siècle en France, Paris 1958; dt. Die Gotik. Kirchliche Kunst des XIII. Jahrhunderts in Frankreich, Stuttgart 1986

MacKinney, Loren C., Bishop Fulbert and Education at the School of Chartres, Notre Dame/Indiana 1957

Meilsheim, David, Die Welt des alten Israel, Genf 1973

Meier, Hans-Rudolf / Jäggi, Carola / Büttner, Philippe (Hrsg.), Für irdischen Ruhm und himmlischen Lohn. Stifter und Auftraggeber in der mittelalterlichen Kunst, Berlin 1995

Michaelis, Wilhelm, Die Apokryphen Schriften zum Neuen Testament, Bremen 1956

Migne, Jacques-Paul, (Ed.), Patrologia Latinae cursus completus, 226 Bände und 4 Registerbände, Paris 1878-1890 (=PL)

Migne, Jacques-Paul, (Ed.), Patrologia Graecae cursus completus, 161 Bände, Paris 1857-1866 (=PG)

Molsdorf, Willhelm, Christliche Symbolik der mittelalterlichen Kunst, Leipzig 1926; Nachdruck: Graz 1968

Müller, Alois, Ecclesia-Maria. Die Einheit Marias und der Kirche, Fribourg 2/1955

Müller, Ernst, Der Sohar und seine Lehre, Bern, 1980

Nelles Tourguide Israel/Jordanien von 2010

Neumann, Erich, Die Große Mutter. Der Archetyp des Großen Weiblichen, Zürich 1956, Neuauflage 1985

Niero, Antonio, Die Basilika von Torcello und Santa Fosca, Venezia, o. J., Neuauflage 2012

Niessen, Johannes, Panagia Kapuli. Das neuentdeckte Wohn- und Sterbehaus der hl. Jungfrau Maria bei Ephesus, Dülmen 1906

Niessen, Johannes, Ephesus. Die letzte Wohnstätte der hl. Jungfrau Maria bei Ephesus, Dülmen 1931

Patrologia Latinae cursus completus, Migne, Jacques-Paul (Ed.), 226 Bände und 4 Registerbände, Paris 1878-1890 (=PL)

Picht, C. S., Gesammelte Aufsätze, Briefe, Fragmente, Stuttgart 1964

Pierre de Roissy, Manuale de mysteriis ecclesiae. PL

Plinius, Naturalis historiae XVI. (Hrsg. Mayhoff; Hrsg. Zwicker; Hrsg. König, Bd. 16)

Polyglott-Reiseführer Israel, München 1982

Ratzinger, Joseph / Benedikt XVI, Jesus von Nazareth. Prolog. Die Kindheitsgeschichten, Freiburg 2012

Riemeck, Renate, Glaube. Dogma. Macht. Geschichte der Konzilien, Stuttgart 1985

Rüdiger, Wilhelm, Die gotische Kathedrale. Architektur und Bedeutung, Köln 1979

Sauer, Josef, Symbolik des Kirchengebäudes und seiner Ausstattung in der Auffassung des Mittelalters. Mit Berücksichtigung von Honorius Augustodunensis, Siccardus und Durandus, Freiburg 1924

Schalom Ben-Chorin, E., Paulus der Völkerapostel in jüdischer Sicht, München 1970

Scheffczyk, Leo, Das Mariengeheimnis in Frömmigkeit und Lehre der Karolingerzeit, Leipzig 1959

Schipflinger, Thomas, Sophia-Maria. Eine ganzheitliche Vision der Schöpfung, München 1988

Scholem, Gershom, Von der mystischen Gestalt der Gottheit. Studien zu Grundbegriffen der Kabbala, Frankfurt/M. 1977

Schreiner, Klaus, Maria. Jungfrau, Mutter, Herrscherin, München 1984

Schütze, Alfred, Vom Wesen der Trinität, Stuttgart 2/1980

Solowjew, Wladimir, Zwölf Vorlesungen über das Gottmenschentum (1878), deutsch von Harry Köhler, Stuttgart 1921

Steiner, Rudolf, Gesamtausgabe (=GA), 354 Bände, Dornach bis 2012

Steiner, Rudolf, Wie erlangt man Erkenntnisse der höheren Welten?, GA 10, 24/1993

Steiner, Rudolf, Die geistige Führung des Menschen und der Menschheit, GA 15, Dornach 10/1987

Steiner, Rudolf, Das Christliche Mysterium, GA 97, Dornach 3/1998

Steiner, Rudolf, Das Johannes-Evangelium, GA 103, Berlin, 1909, Dornach 11/1995

Steiner, Rudolf, Okkulte Geschichte, GA 126, Dornach 1975

Steiner, Rudolf, Aus der Akasha-Forschung. Das fünfte Evangelium, GA 148, Dornach 5/1992

Steiner, Rudolf, Das Wesen der Farben, GA 291, Dornach, 4/1991.

Ströter-Bender, Jutta, Die Muttergottes. Das Marienbild in der christlichen Kunst. Symbolik und Spiritualität, Köln 1992

Teichmann, Frank, Der Mensch und sein Tempel. Ägypten, 3. aktualis. Aufl., Stuttgart 2003

Teichmann, Frank, Der Mensch und sein Tempel. Chartres, Stuttgart 1991

Teichmann, Frank, Ägyptische Mysterien, Stuttgart 1999

Tischendorf, Constantin, Apocalypses apocryphae, Leipzig 1866

Vicchi, Roberta, Die Patriarchalbasiliken Roms, Florenz 2003

Weinreb, Friedrich, GottMutter. Die weibliche Seite Gottes, Weiler 1990

Welburn, Andrew, Am Ursprung des Christentums. Essenisches Mysterium, gnostische Offenbarung und die christliche Vision, Stuttgart 1992

Wenger, Antoine, L'Assomption de la très Ste. Vierge dans la tradition byzantine du VIè au Xè siècle, Paris 1955

Wentzel, Hans, Meisterwerke der Glasmalerei, Berlin 2/1954

Werlitz, Jürgen, Das Geheimnis der heiligen Zahlen. Ein Schlüssel zu den Rätseln der Bibel, München 2000; Nachdruck: Wiesbaden 2003

Winkelmann, Friedhelm, Die östlichen Kirchen in der Epoche der christologischen Auseinandersetzungen, Leipzig 4/1994

Die Glasfenster von Chartres Band 1

Sophia-Janet Aleemi
Johannes der Evangelist in der Kathedrale von Chartres

92 S. mit 12 farbigen Tafeln. Kt. 16.80

Die farbigen Tafeln der Fenster-Segmente sind herausnehmbar, damit man sie beim Lesen stets im Blickfeld hat

In der Literatur über die Kathedrale von Chartres gibt es eine Lücke: Die Glasfenster wurden bisher noch nicht ausführlich untersucht. Hier wird nun zum ersten Mal ein Fenster einer sorgfältigen Untersuchung, die weit über den spirituellen Kosmos des Mittelalters hinausgeht, unterzogen. Bestechend klar führt Sophia-Janet Aleemi den Leser nach der Beschreibung der einzelnen Medaillons des Fensters, der Methode der Schule von Chartres folgend, in eine Interpretation hinein, die spannender nicht sein könnte. Das Auffinden von Zusammenhängen und ihre überzeugende Interpretation kann auch Menschen, die keine Gelegenheit hatten das Fenster im Original zu sehen, wahrhaft begeistern. Andere, die bereits vor Ort gewesen sind, werden sich in jedem Falle bereichert fühlen.

„Feine Wahrnehmung… fundierte Kenntnisse… kristallklare Gedankenführung. Es war ein reinigender Gang zu Geheimnissen, von denen die Autorin sprechen durfte.“ Jens Goeken (*Das Goetheanum)*

„Eine Lektüre, die begeisternder und einleuchtender nicht sein könnte… Wie es der Autorin gelingt, Bildelemente in ihrer Metamorphose von unten nach oben zu verfolgen und aufeinander zu beziehen, ist schlechthin faszinierend. Grosse Geheimnisse des Kosmos enthüllt die Kunst… Wissenschaftlich einwandfrei und zügig lesbar“ Heinz Lüscher (*Die Christengemeinschaft)*

Die Glasfenster von Chartres Band 2

Sophia-Janet Aleemi

Maria Magdalena in der Kathedrale von Chartres

132 S. mit 10 farbigen Tafeln und einem Lesezeichen mit der Gesamtansicht des Fensters. Kt. 19,80

Die farbigen Tafeln der Fenster-Segmente sind herausnehmbar, damit man sie beim Lesen stets im Blickfeld hat

Als vor 800 Jahren das Fenster der Maria Magdalena in Chartres geschaffen wurde, gab es dafür kein Vorbild. Seit Jahrhunderten hat die Theologie darum gerungen, eine Vorstellung der Magdalenerin zu finden. Verbindlich ist heute die Auffassung der ‚großen Sünderin'. Die unübersehbare Fülle der theologischen Arbeiten über Maria Magdalena bereitet nun Sophia-Janet Aleemi zu einem auch für den Laien einleuchtenden Bild auf, das Kirchengeschichte sowie Bewusstseinsgeschichte des Menschen spiegelt und die einzigartige Position von Chartres sichtbar macht. Nach der Methode der Schule von Chartres erarbeitet Sophia-Janet Aleemi eine Interpretation des Maria-Magdalena-Fensters, die zu einem schlüssigen und überzeugenden Bild des zukunftsweisenden Wesens der Maria Magdalena führt, so wie es in Chartres veranlagt ist und weit über die tradierten Vorstellungen hinausragt. In Chartres sehen wir zum ersten und möglicherweise einzigen Mal in der Kunstgeschichte Maria Magdalena als Überbringerin des Wortes dargestellt.

„Sophia-Janet Aleemi versteht die Kunst, komplizierte Sachverhalte anschaulich und kompetent darzustellen. Das farbige Licht des Buches selber erhellt manches, was sonst finster geblieben wäre. Mit den dazu sorgfältig ausgeführten Bildtafeln (…) kann man nur sagen: Eine Perle." Christiaan Struelens (*Die Drei*)

„Mit wachsender Bewunderung für die umfassende Sorgfalt der Darstellung habe ich dieses Buch gelesen. Sein Inhalt ist eine Schule des Schauens und der Stil vorbildlich klar… Ein spannendes Buch." Heinz Lüscher (*Die Christengemeinschaft*)

Die Glasfenster von Chartres Band 3

Sophia-Janet Aleemi

Der Mensch als Pilger und der Barmherzige Samariter in der Kathedrale von Chartres

132 S. mit 6 farbigen Tafeln, davon 3 Doppeltafeln sowie einem Lesezeichen mit der Gesamtansicht des Fensters. Kt. 19,80

Die farbigen Tafeln der Fenster-Segmente sind herausnehmbar, damit man sie beim Lesen stets im Blickfeld hat

Chartres war im Mittelalter das wichtigste Pilgerziel in Frankreich und erhielt deshalb vor 800 Jahren ein eigenes Fenster für die Pilger. Dieses erzählt das Gleichnis vom barmherzigen Samariter, eine ins Bild gebrachte Menschheitsaufgabe, die bereits im Fenster selbst theologisch hinsichtlich der Schöpfungsgeschichte gedeutet wird. Adam wird so zum Urpilger. Sophia-Janet Aleemi stellt diesen spannenden mittelalterlichen Weg dar und interpretiert die einzelnen Medaillons nach der Methode der Schule von Chartres. Dabei kommt sie wieder zu überraschenden Entdeckungen ungeahnter Zusammenhänge. In bestechend klarer Gedankenführung begleitet sie den Leser auf einem anspruchsvollen reinigenden Pilgerweg zu den Wurzeln des Menschseins und führt ihn zugleich zu einem Verständnis für das Zukünftige, das in diesem jahrhundertealten Kunstwerk zu finden ist.

„Wir können nur staunen, wie hochaktuell die Botschaft gerade dieses dritten Glasfensters ist… und dieses Verständnis vermittelt uns die Autorin in unnachahmlicher Weise. Eine beglückende Arbeit!" Herbert Engel (*Info 3)*